区建华◎著

亚洲金融行业

1986－2016

知识产权出版社

全国百佳图书出版单位

图书在版编目（CIP）数据

亚洲金融行业：1986—2016 / 区建华著. —北京：知识产权出版社，2017.7
ISBN 978-7-5130-4877-4

Ⅰ.①亚… Ⅱ.①区… Ⅲ.①金融业—研究—亚洲—1986-2016 Ⅳ.①F833

中国版本图书馆CIP数据核字(2017)第093808号

责任编辑：卢媛媛

亚洲金融行业：1986—2016
YAZHOU JINRONG HANGYE: 1986—2016
区建华 著

出版发行：知识产权出版社 有限责任公司		网　址：http://www.ipph.cn	
电　话：010 - 82004826		http://www.Laichushu.com	
社　址：北京市海淀区西外太平庄55号		邮　编：100081	
责编电话：010 - 82000860转8597		责编邮箱：31964590@qq.com	
发行电话：010 - 82000860转8101 / 8029		发行传真：010 - 82000893 / 82003279	
印　刷：三河市国英印务有限公司		经　销：各大网上书店、新华书店及相关专业书店	
开　本：880mm×1230mm　1/32		印　张：7.75	
版　次：2017年7月第1版		印　次：2017年7月第1次印刷	
字　数：175千字		定　价：45.00元	

ISBN 978-7-5130-4877-4
京权图字：01-2017-4184

向所有亚洲及全球的

托管专业人员致敬

将本书献给：

我的太太金星

谢谢她一直以来对我的支持和鼓励

及

我的女儿慧亨和慧林

给我作为父亲的人生体验

关于本书

  亚洲的金融业在过去30年间，一直在繁荣与萧条的轮转中发展。从20世纪80年代到今天，当年才开始萌芽的亚洲金融业，如今已是一片生机勃勃。在此同期，我亦由刚入行的新手逐步成长，先后出任数家托管银行的亚洲区域首席执行官。在本书中，我从托管人的角度，回顾了这一段精彩的发展历程，描绘了许多有趣的故事、情节和事件，将亚洲地区金融业的发展史进行了更丰富的展现和保存。

  本书原本是以英文撰写的，书名是 *Asia's Financial Industry 1986—2016*，于2016年9月初由英国的YouCaxton出版社出版及发行，通过亚马逊在其美国、加拿大、英国、法国、德国、澳洲、日本及印度的网上书店发售。之后，此书又成功地与在美国、英国、中国香港地区、新加坡及马来西亚的几家实体书店取得协议，在当地发售。

　　本书出版之后，得到了很多朋友及同业的认可，他们认为讲述有关托管银行在金融业内的发展的中文书籍不多，且多数是论述性或法规性的，较少像我的书这样尝试通过亚洲金融业的发展过程和历史事件，讲述托管业在区内各主要国家和地区过去30年的演进及在金融业的角色变化，以及在过程中有许多有趣的人和事，鼓励我出中文版填补这一空白。

　　于是，我用了近4个月的时间以中文重写此书，并找到知识产权出版社出版及发行。在此同时，很感谢得到中国银行业协会的张亮副秘书长的支持并同意为本书撰写序言。序言结合资本市场发展简要介绍中国托管行业在过去19年的发展及各阶段的特质，以及行业的未来走向，极具参考价值。

　　本书能够成功出版，谨此再向家人、朋友及同业给我的支持和鼓励表示衷心的感谢。

区建华

2017年3月18日

有关本书的评价

作者以其在托管行业30多年的独特经验和资历，成功撰写了一部真正的洪荒之作，讲述金融市场的演变过程和历史，由中古世纪交易所的诞生至今天，饶富趣味。本书展现了经常被忽视的托管机构的重要作用，让我们了解到托管机构是如何在金融市场的演变过程中一步一步地不断演进。

本书是第一部关于托管行业的权威著作，讲述这个行业如何在实体经济核心金融中默默地为社会创造真正价值，不断带动创新和经济的增长。

——帕特里克·科尔（Patrick Colle）

法国巴黎银行全球托管行首席执行官

整个亚太地区的灵活增长，是这个时代一段动人心弦的历史，令许多业务和个人受惠于这急速的演变。作者为这转变历程描绘了一幅全景图，勾画出亚洲金融业的发展过程。与此期间，他在业内多家顶尖国际金融服务机构任职区内的第一把手，他的独到见解极具预见性。

——史蒂文·L·弗拉德坚（Steven L. Fradkin）
北美信托银行财富管理业务总裁

作者曾任职多家全球托管银行的高管，从业经验丰富，他撰写的首部有关托管行业及其角色的著作，可读性极高。在追溯亚洲金融业由20世纪70年代的萌芽期到今天的发展时，作者同时点出了人的关键因素。虽然托管已由人工手作演变成为高度科技化，人际的触觉，仍至为重要。他在这本有关托管行业的书中所描写的逸事趣闻，十分引人入胜。

——陈利福（Tan Lee-Hock）
《亚洲资产管理》杂志创始编辑及出版人

作者通过这些有关托管行业生动有趣的回忆,带我们重历了亚洲金融在过去30年里的重大事故,让我们重新认识到巩固市场基础工程的高度艰巨性,并同时提醒我们:每一个转折点都是新的机遇。

——杨伟文(Daniel Yu)
《资产》杂志主编

本书以专业托管人的视角,悉数全球金融市场的里程碑事件,回顾资产托管行业的变迁,透过这位亲历者饱含深情的诠释,亚洲金融行业近30年的发展历历在目。本书不乏趣味性,用大事记生动地将整个亚洲金融行业的发展和变革历程串联起来,其中还穿插了一些有关社会生活、科技应用的生动事例。本书颇具实用性,对金融从业者来说,是一本很好的传承过往、启迪未来的读物。本书兼具前瞻性,书中所述的社会保障制度建设、人民币国际化进程、金融安全与风控等都是当前中国乃至整个亚洲金融行业在未来发展过程中需要重点考虑的因素。

——张亮
中国银行业协会副秘书长

序

自 1998 年封闭式基金引入托管机制以来，中国资产托管行业历经了 19 年的发展历程。近年来，随着多层次资本市场的改革创新和对外开放，资产托管凭借适应直接融资市场和财富管理市场的内生动力，彰显出广泛的制度适应性和优异的市场表现。根据中国银行业协会统计，截至 2016 年第三季度末，中国银行业资产规模已达 113.16 万亿元人民币，同比增长 49.46%。作为投资资产的保管者、清算者、估值者和监督者，资产托管在保障资产安全、解决信息不对称、降低金融成本、撮合交易方面发挥着积极作用，成为当代金融生态中最为重要的参与者之一。

从发展历程维度来看，中国资产托管行业经历了三个发展阶段。

一是探索时期（1998—2001 年）。中国资产托管是一个政策导入型行业。1997 年 11 月 5 日，《证券投资基金管理暂行办法》颁布，明确了基金管理运用与保管职能独立、主体分离的制度安排，建立起由第三方对管理人形成外部制约和监督的托管机制，开启了中国资产托管业务。这一阶段，证券投资基金产品以封闭式基金为主，托管市场参与主体只有五大国有银行，托管业务在谨慎、缓慢中前行。截至2001年年底，行业共托管51只封闭式基金，净值规模达818亿元人民币。

二是蓬勃发展时期（2002—2005年）。2002年以后，在封闭式基金运作经验基础上，开放式证券投资基金崭露头角，证券公司推出集合资管计划，保险资产引入托管机制。同时，市场上大批基金公司获批，多家股份制银行获得基金托管资质。在证券和保险市场发展推动下，托管业务进入蓬勃发展阶段。2004年6月1日，《中华人民共和国证券投资基金法》颁布，托管人职责和地位在法律层面得以进一步明确。截至2005年年末，全国有12家商业银行具备资产托管资格，托管证券投资基金218只，规模达4691亿元人民币。

三是高速创新时期（2006年至今）。在托管行业与资管市场共同发展的过程中，资产托管有力地维护着委托人和受益人的合法权益，逐步被监管部门和投资者认可。资产托管业务也日渐向非证券类资产管理领域延伸，进入一个产品丰富、创新活跃的高速发展时期，行业规模呈现几何级增长。截至2015年年末，中国银行业资产托管存量规模达87.7万亿元人民币，同比增长62.64%，成为中国金融市场一道亮丽的风景线。

从业务现状维度来看，资产托管已成为中国金融行业发展空间最大、领域最广、增长最快的轻资产业务之一，呈现出以下特点。

一是市场领域宽广、规模增长迅速。中国资产托管行业由最初的证券投资基金领域，逐步渗透到信托、银行理财、保险、养老金、跨境投资、私募、互联网客户资金、交易支付等金融市场的各个领域，成为连接银行与各资管子行业的纽带。在2005—2015年这10年间，行业规模平均增长率达68.69%。

二是产品种类齐全、创新步伐加快。中国资产托管业务紧跟市场发展，不断推出适应客户需求的产品和服务，并形成了一定规模。根据中国银行业协会统计，截至2015年年末，除跨境托管外，其他类型的银行业资产托管产品规模均超万亿元人民币。其中，银行理财托管、证券公司客户资产管理托管、基金公司客户资产管理托管、信托财产保管、保险资金托管规模均超过10万亿元人民币。此外，随着资本市场的发展和开放，各类金融创新层出不穷，资产托管行业不断加快新产品研发和推广力度。

三是监管体系完整、市场规范发展。近年来，中国人民银行和银监会、证监会、保监会、人社部等监管部门，分别就相关资产托管业务出台了一系列法律规章和行业指引，规范业务运作。各商业银行在构建本行全面风险管理体系的基础上，进一步加强资产托管业务的内控建设，坚持制度先行、规范发展。2009年，中国银行业协会成立了托管业务专业委员会，为行业建章立制、政策协调、沟通交流搭建了重要平台。19年来，中国资产托管行业基本未发生重大风险事件，为金融市场健康发展保驾护航。

四是参与机构众多、市场竞争多元化。目前，中国共有27家商业银行、14家证券公司和中国证券登记结算公司，共42家机构获得托管业务资格。以商业银行为主，其他机构共同参与的托管市场体系基本形成。多元化竞争格局有利于激发托管机构开拓市场、创新产品、完善服务，持续增强核心竞争力。

从产业发展趋势维度来看，国内资产托管业务仍将呈现多元化、持续稳健发展的态势。

一是政策利好推动市场持续扩张。资本市场向纵深拓展为资产托管产业提供良好的外部环境，银行业战略转型是托管行业快速发展的持续内在动力，资本市场对外开放和人民币国际化进程深化将加速国内外托管市场对接，金融创新层出不穷、社会保障体制逐步完善、社保资金管理市场化改革，为资产托管行业带来了更为广阔的市场空间。在可预见的未来，中国资产托管行业仍将处于市场边界不断扩展、产品创新持续推进的发展期。

二是行业集中度将保持下降趋势。中国资产管理市场边界不断扩展，创新领域不断被发掘。在此背景下，与全球托管集中度上升的格局相反，中国托管市场集中度有可能保持下降态势。一方面，国有托管银行在证券投资基金、保险、养老金、跨境托管市场方面独具优势，而中小托管银行在信托、私募和创新产品托管领域占比领先，形成不对称竞争优势。另一方面，大型托管银行之间也存在着激烈竞争，难以出现一家独大的局面。因此，在未来一段时期内，中国托管市场仍将继续保持充分竞争状态。

三是托管服务网络体系逐步完备。随着中国金融改革的深化和人民币国际化步伐的加速，诸多托管银行开始在境内设立业务分部，并积极布局全球托管网络，打造境内外联动发展的业务格局。在这一过程中，中资托管机构不断参与国际竞争，充分交流先进经验，拓展行业发展视野。此外，相对独立的事业部制可能成为中资托管机构组织架构改革的主要方向。

四是创新增值和系统建设成为核心竞争力。随着资管行业的多元化发展，托管客户服务需求也日益多样化、个性化。目前，国内托管银行较好地履行着基本服务，但绩效评估、大数据分析、证券借贷、现金管理等一系列增值服务发展不足。托管机构将充分利用其信息中心、保管中心、会计中心、清算中心的优势，积极探索托管产品和服务创新，向综合金融服务管家转型。此外，契合高效、智能、便捷的互联网金融时代特征，托管银行正在积极加强系统建设。产品、服务和系统创新将是未来中国资产托管市场发展的主旋律。

　　19年的发展历程充满了艰辛探索、锐意创新和不懈努力。我们有理由相信，未来，伴随着经济的协调稳定发展和改革的持续深入，中国资产托管行业将围绕金融安全使命，紧跟时代步伐，为构建和谐金融生态做出更大贡献。

中国银行业协会　张　亮

2017年1月12日

目录

引　言

　　1993年，美国大通银行（Chase Manhattan Bank）通过猎头公司接触我，邀请我加盟该行的托管部。那时候，我已经从事银行业接近10年，但还是第一次认识到"托管"是一个完整的独立金融业务线。

　　"全球托管"这个名称，大家普遍公认是由大通银行的道格·邦那（Doug Bonnar）发明的。1974年，美国的福特基金（Ford Foundation）外聘4名基金经理进行海外投资，目标是资产多样化和创汇收入。但它同时实施投资与行政管理分隔，要求大通提供资产托管及交收服务。邦那当时任职大通的伦敦分行信托及投资服务部主管，接下了这项富有挑战性的任务。他和他的团队把一系列的服务组织起来，称之为"全球托管"，由大通的伦敦分行为福特基金提供服务。

　　然而，在大通内部的看法，创建和培育全球托管业务，其实以科林·葛廉司（Colin Grimmsey）的功劳最大。葛廉司是邦那的下属，他成功游说美国证券交易委员会允许大通在国外的分行，为美国的共同基金托管国外的资产。共同基金成为美国第一批投资海外的机构。1974年，美国政府通过了雇员退休收入保障法案（ERISA），于是美国的养老金亦进行海外投资。从此，全球托管逐步演变到今天成为一个每年创收数十亿美元的行业。

在亚太地区，托管业在20世纪90年代初萌芽。当时的托管行数目比今天多，如巴克莱银行（Barclays）、信孚银行（Bankers Trust）、摩根士丹利（Morgan Stanley）和美国银行（Bank of America）等，今天已经不再经营托管。大通银行、道富银行（State Street）、花旗银行（Citibank）、德意志银行（Deutsche Bank）及摩根保证信托银行（Morgan Guaranty Trust）当时是主要的全球托管行，而香港上海汇丰银行、渣打银行和百慕大银行是主要的当地和区域的托管行。

在这之前，我的托管工作经验不多，也不大了解该业务。然而，当时大通的全球投资服务部亚太区主管马克·胡伯（Mark Huber），相信以我在区域代理银行领域的经验，可以胜任这项工作，至于对托管产品的知识，可以在职培训，问题不大。事实上，当时的托管行业在全球及亚洲刚起步，大通是整个行业的人才培养所。几乎每一个主要托管银行的高职人员，都曾在大通工作过。我加入大通任职亚洲区销售经理，我的同事劳伦斯·贝利（Laurence Bailey）任职澳大利亚和新西兰的销售经理。后来，摩根与大通合并，他逐步升职为全球投资者服务部亚太区主管，与我在不同机构成为竞争对手。道富的亚洲区域销售经理谢锦强（K.K.Tse）和花旗的亚洲区域销售经理 Leow Chong Jin 也是差不多同时期加入托管行业的。我们4个人是第一代土生土长的托管人，从20世纪90年代初开始在区内的托管业工作了接近30年，各自成为所属银行的亚太区托管部门主管，领导并创建业务。

《全球托管》杂志在其网站上对托管行业有这样的评论："它（托管）不是火箭科技，它不会拯救生命，从事该行业的没有人会赢得诺贝尔奖。然而，它仍能凝聚全球顶尖商学院和大学的人才，为例如泛欧洲过户代理及资产净值计算等问题提供解决方案。托管业的人才济济，令人印象深刻……"❶

那么，托管业务为什么能令我和其他同行贡献了我们的整个职业生涯呢？

对我来说，过去在托管业的26年是个奇幻的旅程。

首先，"托管"已经由确保客户的债券和股票安全锁在银行保险库里的日子，走过了漫长的演进道路。《金融时报》将20世纪90年代初的托管业形容为国际银行业内的"一潭倦水"。然而，科技的快速发展，交易无纸化，加上资金流向全球化，资产多元化，投资策略的创新，监管政策等变化，令托管业要

---

❶《定义与历史：行业历史》（*Definition & History：History of the Industry*），http：//www.globalcustody.net/industry_history，2015年4月27日。

不断追求规模和效益，并且在利润率逐步下降的压力下，要不断往价值链上移，我们现在提供的服务已远远超出了原先托管业务的范围。

我在过去的26年里，在这潭"倦水"中走过的路，从来没有觉得沉闷。对我来说，每天都遇到要学习的新事物，虽然已经入行26年，仍然有很多新的东西要学。

其次，行业经历了许多的整合。托管行要保持竞争力，必须不断地进行庞大的投资。许多之前主要的托管行都已惨淡离场。我在大通只任职了一年，于1994年加入摩根保证信托银行，即原来由约翰·皮尔庞特·摩根（John Pierpont Morgan）创立的银行。然而，我在摩根的日子只有2年半便宣告结束。1995年，摩根决定把资产规模21000亿美元的全球托管业务，出售给美国纽约银行。纽约银行总部设在纽约华尔街，当时是一家主要为券商提供美国当地清算托管服务的银行。摩根同时也把资产规模约6000亿美元的欧洲当地清算托管业务，出售给总部设在巴黎的百利达银行（Banque Paribas）。摩根当时对这项决定的解释是，托管业务需要大量技术的投资才可以保持领导地位。摩根当时已由商业银行转型为投资银行，是全球银行业成功的榜样。不断投资于低利润的业务，被视为银行资本金的不当运用。

图 1　摩根保证信托银行在纽约华尔街 23 号的总部

　　一年之后，英国最大的托管银行——巴克莱银行基于同样的原因，将其托管业务售给摩根士丹利。两年后的 1998 年，摩根士丹利把该托管业务转售给大通。30 年来，音乐椅没有停过。事实上，许多全球通晓的名字，来了亚洲区不久，便成为历史的记忆，包括大通（两家银行合并后更名为摩根大通）、美国银行、化学银行（Chemical Bank）、苏格兰皇家信托（RBS Trust）、密隆银行（Midland Bank）、国民西敏寺银行（NatWestBank）、信孚银行（Bankers Trust）、德累斯顿银行（Dresdner Bank）、德意志全球托管（Deutsche Bank Global Custody）、百慕大银行（Bank of Bermuda）和梅隆信托（Mellon Trust）。在行业整合和演化的过程中，我很幸运获得机会创建纽约银行、北美信托和法国巴黎银行的亚太区托管业务，利用每家机构的特点和优势，先把根基打稳，然后在区内腾飞。为这些业务今天的成功做出过开拓性的贡献，这让我感到很欣慰。

最后，全球托管业的规模今天已经变得很庞大。Oliver Wyman咨询公司在其年度证券服务行业报告估计，截至2013年年底，前10名全球托管行的托管资产总额超过1400万亿美元，总收入90亿—100亿美元。我找不到准确的统计数字，但估计1993年的全球托管资产总额可能只有140万亿美元！

托管是一种以手续费收入和净利息收入为基础的持续性业务，为银行建立长远的客户关系。如果能保持客户满意度，关系往往可以持续15—20年。在《巴塞尔协议Ⅲ》（Basel Ⅲ）下的新营运时代，托管成为银行集团贡献流动性资金的主要业务线，支援其他的业务。

2008年全球金融危机之后，人们追寻许多社会和经济问题的根源，都将矛头指向银行界的贪婪，银行的真正价值被严重质疑。但托管银行每天都在默默地为机构及个人提供很基本但非常重要的服务。例如，维护养老金、共同基金、个人的珍贵投资和机构的资产的明确分隔，确定整个投资过程中的资产所有权益；确保客户的金融交易顺利和安全的交割，以及将交托给我们保管在全球各地的金融资产正确记录。

虽然没有人会因托管行业的贡献赢得诺贝尔奖，但我们是实体经济的金融核心行业，在为社会默默地创造真正的价值。

对我来说，选择这个事业终身无悔。

1.究竟保管什么

最初加入托管行业时，最让我大疑惑不解的是，托管人究竟"保管"什么呢？

《牛津字典》将"托管人"定义为，对某事或某人采取保护或照顾的人。例如，博物馆的托管人的职责是确保博物馆展出或存储的艺术品的安全、保养和库存。

托管人的核心功能虽然是资产保管，但是现今的股票和债券都是通过电子交易和结算，然后记录于交易结算所的电子账目里的，实物保管已绝无仅有。

在电子计算机广泛使用之前，股票和债券的买入和卖出，会涉及实物形式的证书交付和转移。托管银行根据客户的指令，把客户的股票及债券证书库存在安全的保险库里，并根据客户的指令交付证券凭证。所以保管是一个核心且非常重要的功能。

图2　一家银行的保险库业务部门

这年代的重要建筑物的中央，通常有一个圆拱形的屋顶，这是整栋建筑最坚固的轴心，保险库就设置在这圆拱天顶下面的地库。保险库是银行建筑物的重要部分，四壁装上强化的钢甲，再加上关闭紧密的库门和复杂的库门锁。银行保险库是巨型的结构，须定制订造。保险库通常是设计和建造一座银行新大楼的最关键的部分。大楼的建筑过程是，先把拱顶设计好，然后将银行大楼的其余部分围绕它而建造。保管库制造商与银行要事先协商，确定保险库的总面积、形状、库门的位置等；然后，制造商预先造好保险库的设备，包括库门和库壁板，并运送到保险库的地下室内进行实地安装，然后再建造大楼的其余部分。

翻查各家全球托管银行的档案，会发现许多配置了坚厚钢门和复杂门锁的高度安全保险库的图像，显示出绝对的安全性。

Steel Door Weighing 23 Tons, Northern Trust Safe Deposit Vaults, Chicago.

图3　高度安全的保险库

许多我们今天仍然在投资行业使用的术语，起源于证券仍是实物形式的年代。

公司或政府要发行债券筹集资金，会先在报纸刊登广告，吸引潜在的投资者，然后寄送招股说明书和申请表格给回复广告的公司和个人投资者。"债据"或认购收据会在收到定金后寄送出去。至于债券的正本，会于已支付所有分期付款后寄送。

每个债券附有一张印满息票的单张。债券上注明的利率，称为"息票利率"（coupon rate）。"息票支付"（coupon payment）通常每半年一次。债券持有人须从息票单张"剪出"（clip）下一次的息票，送交有关银行或支付代理人，提取指定的分红。运种处理息票支付的方法，非常耗费人力。首先，要记录息票的号码，然后取消息票，将息票束绑，送仓存储。

第一次世界大战及第二次世界大战时，美国政府大量发行债券，为战争筹集资金。战争债券的面额很低，如每张债券25美元，鼓励广大民众订购，借此灌输爱国精神。面额25美元的战争债券，可以折让价18.75美元购买。美国政府用筹得的资金来支付坦克、飞机、船舶、制服、武器、医药、食品和其他一切军队所需要的战争经费。战争债券购买满10年可以赎回，取回25美元的本金。这种债券，相等于现今的"零息债券"，并没有附上每半年付息的息票单张。

在那些年，满街都贴上美国军队在战场情景的海报，呼吁广大的美国人尽一份力。儿童们也积极参与活动。学校会举行订购战争债券运动，学生响应后，会把他们储蓄的铜板和硬币带来，购买25美分一枚的战争邮票，贴在战争债券册上，并在学校之间进行筹集资金比赛，竞争非常激烈。

图4　战争债券海报

战争债券和战争邮票订购的处理，工作量庞大。银行于是在债券发行及认购期间，招聘阵亡军人的遗孀作为廉价临时劳工。

　　穿着校服的儿童，互相分享自己收藏的战争邮票；军人遗孀坐在巨大的银行大厅，处理战争债券的认购……这些都成为当时好莱坞电影的感人场景！

2.资本主义世界的引擎

在20世纪90年代初期，大多数的证券仍然在世界各地的证券交易所，采用公开喊价的拍卖方式进行交易。像今天这样在世界各地交易所的电子环境里进行证券交易，只是在过去二三十年才出现的事情。

证券交易所，可算是推动资本主义世界的真正引擎，每天有数万亿美元的交易，都通过它们进行。

许多历史资料显示，交易所的源起与商品和农产品交易有关。在欧洲不少早期的市场，有类似股票市场的例子。例如，在12世纪10年代，法国有"courretiers de change"服务，代表银行体系在全国各地管理有关农业的债务。这可算是经纪人出现的一个主要例子，因为这些人是进行有效的债务交易。

后来，威尼斯的商人在13世纪开始买卖政府债券，之后在比萨、维罗纳、热那亚和佛罗伦萨等意大利城市的商人也开展了买卖。

欧洲的交易所起源于14世纪和15世纪，如安特卫普交易所（1460年）、里昂交易所（1506年）、图卢兹交易所（1549年）、汉堡交易所（1558年）和伦敦皇家交易所（1571年）。但所有这些早期的交易所都缺少了一件东西：股票。虽然它们的基础设施和组织机构都类似于今天的证券交易所，但实际上他们在处理有关政府、企业和个人债务的事情，并没有进行公司股票买卖。虽然系统和组织相似，但交易的实际性质不同。

阿姆斯特丹证券交易所成立于1602年，被公认为是世界上第一个股票交易所。它的成立，是作为一家新成立的股份公司——荷兰东印度公司的发行和交易中心。

图5　17世纪的阿姆斯特丹证券交易所

当时东印度群岛被发现，提供了大量可以创造财富的贸易机会，探险家便开始成群结队地航行到那里。不过，远航到地球东方远处的角落是具有高风险的，许多这类远航探险都没有返回。船只失去了，投入的金钱也被花掉了。金融家意识到必须做点事来降低这些风险。结果，一种独特的有限责任公司结构因此而产生。1600年，著名的东印度公司成立，它是第一家使用这种结构的公司。

投资者意识到，把所有的鸡蛋都放到一个篮子里，不是投资东印度贸易的一个聪明的办法。不能把投资都押注在单一的航次，而冒可能损失所有投资的风险。投资者于是购买公司的多只股份，分散投资在3个或4个航次，这样即使其中一个航次损失了船只，投资将仍然可以保持盈利。

1602年，荷兰东印度公司正式成为世界上第一个公开上市的公司，股票在阿姆斯特丹证券交易所上市，每个东印度公司的投资者占有利润固定的百分比。这种公司的结构证明是非常成功的，也是当年荷兰能崛起为世界强国背后的金融引擎。

接下来10年，类似的业务在英格兰、法国、比利时和荷兰获得上市批准。

证券交易所在创建初期，只是作为投资者会面、购买和出售他们的股票的地方，股票"市场"并没有正式出现。伦敦证券交易所起源于1773年投资者聚集在伦敦市中心的乔纳森咖啡店（Jonathan Cafe）进行业务。早期的股票，手写在纸张上，投资者与其他投资者在咖啡店进行交易。后来，投资者意识到，如果成立一个专供商人买卖股票交易的场所，不在拥挤的咖啡店买卖叫喊，业务会更有效率。

图6　19世纪10年代的伦敦证券交易所

"股权"是公司将其股本权益（stocks）分拆，配置给第三方作为金融投资用途。"股份"（shares）是公司将拥有权等分，由个人或其他公司持有而成为股东，享有公司的比例利润。普通股被称为"股票"（equities）。这些都是破旧立新的概念，提供了一种突破的方式分配公司的价值，极有效地促进了公司的增长。

证券交易所采用公开叫价拍卖制度，所有参与者都有出价和报价的机会，在交易大厅以最优价格公开竞争。贸易商之间很

　　快便演进了一种沟通的方法：在证券交易所内以喊价和使用手势来表达买单和卖单，正如我们在旧照片和电影里所看到交易所的情况。

　　在大西洋彼岸，纽约证券交易所刚开始时，也是毫不起眼的。1792年，纽约24个最著名的经纪行签署了一项协议，每天在规定的时间，在纽约市下曼哈顿（Lower Manhattan）华尔街（Wall Street）的一棵老梧桐树下买卖证券。华尔街的投资界就是这样开始的。

图7　华尔街的开始

　　在一个世纪前，荷兰移民在下曼哈顿建起了一堵保护墙，位于东江河（East River）与哈得逊河（Hudson River）西面交汇的岸边路径，被称为华尔街，成为一个繁华的地点。早期的商人在这条道路上建了仓库和商店、联邦大厅和教堂。这个地方成为买卖皮草、烟草、香料、蜜糖和火药的热闹集市。证券

的买家和卖家，也开始非正式地在华尔街聚会。纽约市在
1785—1790年是美国的首都，乔治·华盛顿（George Washington）就是在华尔街联邦大厅的阶梯上宣誓就任的。

　　1792年5月17日，24家券商在华尔街68号门外签署《梧桐树协议》（Buttonwood Agreement），协议只会通过签署商之间进行交易，赚取佣金。这形成了后来纽约证券交易所于1817年正式成立时的基础结构。

　　1817年，5家总部位于纽约的证券公司，在纽约证券交易所上市。当中第一家上市的公司，是由乔治·华盛顿的财政部长亚历山大·汉密尔顿（Alexander Hamilton）于1784年创立的银行，名字是纽约银行（The Bank of New York）。

3.自行车快递员

在20世纪90年代之前，世界各地的证券结算仍涉及纸张形式的文书、证书和过户表格的实物转移。金钱的支付，由注册商或代理人验证收到的有关证书和其他必需的文件正确无误后，以纸张形式的支票支付。

上市股票以电子形式交易及结算，是相对新鲜的事物。

历史上第一个正式交易所是阿姆斯特丹证券交易所，于1602年成立。因为涉及实物交割和结算，交易需要若干天才能完成，这造成了风险和交易是否能在结算日完成的不确定性。

1700年，阿姆斯特丹证券交易所与伦敦证券交易所合作，把对方的股票在自己的交易所挂牌（交叉上市，cross-listing）。交易的清算，需要将实物库存的证书或现金在阿姆斯特丹及伦敦两地之间往返运送。送递的旅程，需要骑马及坐船，通常共需14天，后来这便成为一般交易的标准结算期。直到计算机技术在20世纪80年代使用之前，这个惯用的结算期在大部分的交易所沿用了几百年。

实物交收及结算，涉及很大的风险、手工操作量和物流运营的挑战。

我第一次接触到实物证券结算的运作，是在我任职美国太平洋银行（Security Pacific National Bank）代理银行业务的时候。太平洋银行总部位于洛杉矶，在20世纪80年代经过多宗兼并和收购成为美国第五大银行。它在亚洲的业务规模不小，是总部设在香港的本地银行——广东银行的主要股东。宋子文博士，即宋氏三姐妹的哥哥，是国民党早期政府的财政部部长，也是广东银行的创立人。

太平洋银行的中国香港办事处，位于当时皇后大道中1号广东银行大厦的顶楼。股东会议室的装饰富有东方色彩，用旧式中国家具作摆设。会议室的墙壁上，挂了多张国民党政府战时发行的债券复制品，签署人就是宋子文博士。

1988年年底，太平洋银行收购了一家在纽约的证券清算公司，然后把公司的名称改为太平洋证券清算服务（简称Secor），专门提供美国政府债券和日本政府债券的清算服务。当时，我是代理银行业务的亚洲区域销售经理，于是我便与证券清算的团队一同前往日本拜访客户，洽谈把他们的账户及业务转移到太平洋银行。

日本经济在20世纪80年代末期，正处于巅峰。日本的出口建立了巨额贸易顺差，日元币值也非常强劲。1美元由1985年1月兑254.11日元，跌至1987年12月兑128.25日元，两年内跌了一半❶。日本商人都在世界各地，尤其是美国，收购各种各样的地标，如电影制片厂（洛杉矶的环球影城和哥伦比亚电影公司）、高尔夫球场（北加州蒙特雷的圆石滩高尔夫球场）、房地产（纽约的洛克菲勒中心）等。在东京的丸之内金融区，竖立了一个巨大的电子屏幕，实时显示日元对美元每分钟的汇率变化。

哈佛大学学者傅高义（Erza Feivel Vogel）的著作《日本第一：美国的学习经验》，就是对日本当时的繁荣和经济自信心的写照。他描写日本凭借其强大的经济实力和社会凝聚力，成为世界上最具活力的工业国家。日本企业，由汽车到超级计算机，都很快可以淘汰美国的工业。日本企业龙头如索尼、丰田、三菱的案例研究和日裔美籍管理学权威威廉·大内（William Ouchi）的《Z理论》，都成为世界各地的工商管理硕士（MBA）课程必读的个案和讨论教材。

在20世纪80年代，日本政府债券市场是世界第二大国债市场。1987年，日本国债的未偿还总额为92万亿日元（约7170亿美元），占国民生产总值的47%。在日本国债现货市场，日均成交额为2万亿—3万亿日元，交易旺季时为7万亿—8万亿日元。当中的95%是场外交易，证券公司与银行之间需要以纸张形式实物清算和交割。此外，债券每半年凭息票支付利息。

---

❶来源：维基百科的日元历史汇率。

图8　傅高义著作《日本第一》的封面

对所有在东京的证券投资机构公司来说，一个最关键的运营挑战，是如何将实物证券在结算日期限内，交付给交易对手方。东京市中心交通拥塞，每家公司通常都聘用自行车快递员，在市中心往来送收证券文件，避过堵车。这些快递员穿着明亮的自行车运动衫，在东京的中央商务区穿梭飞驰，将托付给他们的文件安全和快捷地送交对方手中。

自行车快递员起源于1970年左右的纽约市，很快便成为纽约市内街头常见的现象。他们于1980年左右开始在东京的市中心出现，穿梭于丸之内、大手町、千代田、银座和赤坂、皇宫御苑一带的金融商业中心。20世纪80年代的东京交通是出了名的拥挤，但自行车快递员必要时会使用人行道，甚至单向行车

路，灵活地避开交通灯，走最快捷的路线，成为东京市中央附
近地区最有效的交收证券文件的方式。

图9 日本自行车快递员劲酷的形象

自行车快递员在拥挤的街道穿梭于汽车之间，不仅外形很
帅、感觉良好，而且是一个可以保持体形的工作，很受年轻人
欢迎。借用当下流行的潮语：自行车快递员是一个很"酷"的
工作。自行车快递员当中有些是自行车的狂热爱好者，这份工
作变成了他们个人兴趣的延伸。他们戴着醒目的头盔、墨镜、
信差包，穿着制服，其独特的时尚装扮，经常出现在杂志里。

　　我与从纽约来的证券清算团队拜访日本的证券投资机构，会议除了讨论服务方案的各种功能、收费和亮点外，最关键的讨论都集中在我们的自行车快递车队的证券交收能力、队员人数和经验、路线的覆盖、车队的每天物流运营等。讨论内容充满了趣味性。

　　日本的债券在1990年之后开始实现无纸化，证券实物交割才逐渐息微。但自行车快递员在日本年轻人中，继续发展成为一种膜拜。一部名为《单车信差》的动作浪漫喜剧电影，于1999年夏天在日本全国各地的电影院名上映。接着，一部以这些自行车快递员在东京市中心交通堵塞的街道上飞驰的故事为题材的电视剧，在秋季全国放送，更加催生了年轻人加入自行车快递员行业的热潮。

　　2009年，东京举办了自行车快递员世界锦标赛，还有自行车电影节。据报道，一位日本的单车手在其中的一项主要赛事获得了季军！

4.偶然的创新

"清算所"（clearing house）的概念，是一个偶然的创新。

在20世纪90年代初电子支付系统在全球各地推广使用之前，支票是现金以外的主要支付方式。

纸质支票迄今为止仍然在世界各地被企业和个人广泛用作支付交易，相比每天数百万的证券买家和卖家以电子支付他们之间价值数万亿美元的金融交易，支票的使用已是日渐息微了。

支票起源于远古的银行体系，银行会按他们客户的要求，发出"交换票据"（bill of exchange）付钱给指定的收款人。于是，商客无须携带大量黄金或白银来购买商品和服务，交易变得容易多了。

支票最先出现的时间并不太确定。有些人认为，罗马人可能在公元前352年左右就已经发明了支票，但即使这种说法是对的，它并没有随即普遍流行起来。在13世纪，威尼斯的商客确立了交换票据为有效的法律，从此国际贸易不需要携带大量的黄金和白银，但支票到1500年才开始在荷兰普遍使用。

阿姆斯特丹是当时主要的国际航运和贸易中心。荷兰的当地人为了安全起见，不把积累的现金放在家里，而是另付费用存放于商营的"账房"（cashiers）。其后，这些账房同意按储户的书面授令或"票据"（note）指示，从账户的存款中支付储户的债务。

这个概念很快传到英国和其他地方。到了17世纪，英国使用交换票据作为国内的支付方式。其中一种被称为"提款票据"（drawn notes）的交换票据，开始逐渐演变成为早期的支票。客户利用这些手写的票据，指令银行从其账户提取资金，支付给指定的收款人。一张现存的这类票据，可以追溯到1659年。

1717年，英国央行率先以预印表格实施这种支付方式，在"支票纸"（cheque paper）上打印表格，以防止诈骗。银行客户必须亲自到银行，向柜台员索取印上序列号数的表格。收款人收到支票后，要回到开票的银行（issuing bank）提款。这一"清算过程"（clearing process）需要多天才能完成。

起初，每家银行都派信差到其他银行处递交支票收款，银行之间会保存一个记录收支差额的账目，隔一段时间后相互结算。但是，这需要很多次的往返行程。到1770年左右，一些厌倦了每日重复往返行程的信差，找到了一个聪明的办法去完成他们的工作。银行业内流传的一个说法是，有一个伦敦银行的信差，在伦敦金融市中心内伦巴第街（Lombard Street）一家名叫"五铃"（Five Bells）的酒吧喝啤酒，发现另一家银行的信差也在酒吧内小歇。他们交谈起来，发现双方正在送支票到对方的银行交收，于是决定在酒吧内交换双方所带来对方的支票，省掉余下的行程。这种方法促使了支票清算所的诞生。

1800年开始设立专用的空间作为银行的清算所。伦敦清算所实施了一个方法，由监察员于每天收市前进行银行之间的相互现金支付及收取，类似今天的"日终批结算"（day-end batch processing）方法。其他国家逐渐也采用了这种方法。到1853年，纽约清算所内放置一张椭圆形的大桌子，每家银行派两名职员站在旁边。外圈的银行职员于设定的时间，分批与内圈大桌子旁的银行进行现金清算。

据说，苏格兰工商银行是第一家银行，于1811年把账户持有人的名称沿左侧边缘垂直打印，使客户的支票个性化。然后在1830年，英国央行推出每本50张、100张和200张的支票，成为银行客户领取支票的通用格式。

1882年，英国通过有关交易票据的法案（*Bill of Exchange Act*），确定支票在金融系统作为支付方式的法律地位，在此前一年，其殖民地印度亦通过同样的法案。磁墨字符识别格式（MICR）在1959年开发，加速了支票的使用。MICR格式是由斯坦福研究院（Stanford Research Institute）和通用电气的计算机实验室（General Electric Computer Laboratory）最先开发的，方便支票分类排序。该技术使用磁性充电墨水打印在支票上底部的数字和特殊字符，使计算机能够可靠地读取银行路线（routing）和账户号码，实现支票分类排序自动化。

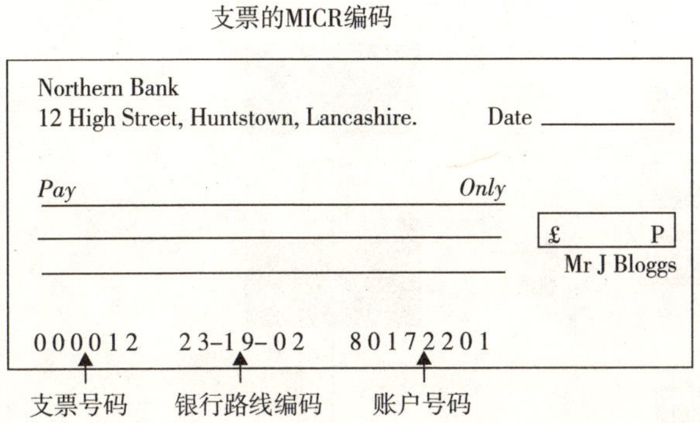

支票的MICR编码

```
Northern Bank
12 High Street, Huntstown, Lancashire.        Date _____

Pay                                  Only
_____        ┌─────────────┐
                                                │ £         P │
_____        └─────────────┘
                                                 Mr J Bloggs

  000012      23-19-02      80172201
  支票号码      银行路线编码      账户号码
```

图10 打印在支票上底部的磁性充电墨水数字和特殊字符

支票使用量在20世纪继续增长，每年处理量超过10亿，成为最流行的非现金付款方式，在20世纪80年代末90年代初达到顶峰。1989年的全球股市崩盘之后，世界各地开始推动电子支付方式。从20世纪90年代中期开始，许多国家制定法律，进行支票电子托收，允许将支票转换成电子数据形式传输至付款银行或票据交换所，消除支票实体提交的麻烦，节省时间和处理的成本。

在亚洲，支票主要在沿用英国模式银行系统的国家和地区广泛使用。在中国香港，实体支票在20世纪70年代和80年代，成为主要的支付方式，像世界其他国家和地区一样。香港上海汇丰银行在英国殖民地时期，执行许多中央银行的职能，除了发行纸币外，还负责银行间的清算功能，包括支票清算所的管理，直至1997年回归前才由香港银行同业结算有限公司接管。

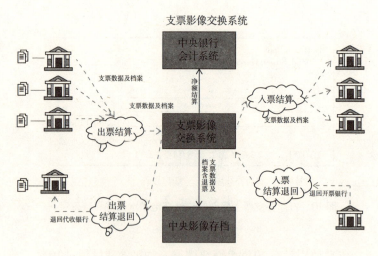

图11　支票电子影像清算系统

这个年代在香港金融行业工作的人，会记得在今天兰桂坊附近的斜坡上，有一家茶餐厅（粤语咖啡厅的称谓），每天10点半及15点半左右，来自中环各银行和办公室的信差，完成了到汇丰银行清算中心的送件工作后，会在此小憩，并交换清算所不处理的文件。业内人称该咖啡厅为"蛇窝"（粤语"躲懒窝"的意思），是众所周知的信差聚集地点。同时，它芳香浓郁的鸳鸯咖啡奶茶，也为人津津乐道。

5.大跃进

    支票在20世纪80年代是许多国家最普遍使用的非现金支付方式。在美国，1983年全年处理的支票总数量达到400亿。其中，90%的人口拥有支票账户，每个人每月平均开出15张支票。

    但其他的发达国家，如德国和日本，已快速发展到无纸化支付。

    图12的统计数据，提供了有趣的比较。

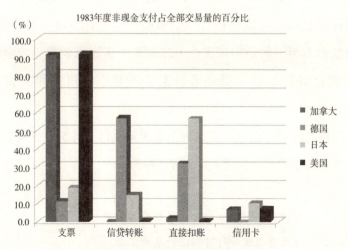

图12 非现金支付工具交易总量

资料来源："第一芝加哥"（First Chicago）研究数据。

在亚洲，除了受英国影响的国家和地区外，许多国家和地区仍以现金支付为主，支票并没有得到广泛应用。

中国于1979年1月和美国正式建立外交关系后，开始逐步改革其金融体系。芝加哥第一国民银行（First National Bank of Chicago）（简称"第一芝加哥"，First Chicago）把它在中国台湾地区的银行牌照退还，于1980在中国开设北京代表处，成为第一家在中国营业的外国银行。它因为这个特殊的地位，最初几年在中国的业务增长势头非常强劲。1986年，中国人民银行聘用"第一芝加哥"进行一个咨询项目，就加强中国的支付系统提出建议。当时我是咨询团队的成员。

中国的银行业在1986年处于开始推动改革的第一阶段。属中国人民银行监督的有三层银行机构。第一层是四大国有银行，分别是中国银行、中国工商银行、中国农业银行和中国建设银行。每家银行有一个明确划分的省、市、县、镇、公社由上至下的结构层次。第二层是十多家规模较小的全国性商业银行。第三层是成百上千的城市信用社和农村信用社。

按当时"一企业、一银行"的政策执行，每家企业只能有一个银行账户。汇款规定是非常严格的：

☆只有全国性分行可以进行跨省汇款。
☆只有省级分行可以进行省内汇款。
☆只有县分行可以进行县内汇款。

☆支票只供企业使用，并只能在同一城市内支付。

汇款只能通过电汇（telegrahic transfer）或信汇（mail transfer）的方式进行。电汇是指汇款银行发送电报到接收银行（receiving bank）实现资金转移。信汇是汇款银行发送邮件到接收银行，指令转移有关金额到收款人的账户和借记汇款银行的账目。

这个过程是完全纸质化的，需要大量的人工操作。汇款银行（remitting bank）要转移金额到位于不同省份的接收银行，必须填写一式多份的记贷表格，一份副本给汇款的客户保存；一份发送到接收银行；另一份发送到中国人民银行总行的对账中心将记贷数据输入计算机，按银行所在城市的交易量，生成每周、每月或每季的交易报表。有关银行收到中国人民银行的报表，核对自己的交易记录，发现差异，须报告中国人民银行进行调查。

同一省份的跨县或县内汇款资金转移过程，大同小异。

同城汇款，无论是电汇、邮汇、支票还是银行汇票，都通过城内的清算所处理。4家银行派遣信差每天一次或两次到清算所，在中国人民银行的监督下互相交换记贷单（credit advices）和支票。

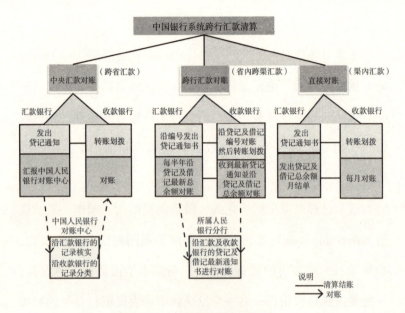

图 13　中国的汇款处理系统

资料来源："第一芝加哥"对中国人民银行的顾问报告。

　　由于是人工操作，清算时间很长，电汇至少需要 2—3 天，邮汇需要 7—10 天。损失的在途资金（float）对银行体系的流动性有显著的负面影响。如何缩短清算时间和提高资金的可用性，就是中国人民银行委任我们进行咨询项目的目标。

　　根据世界银行的数据，中国在 1985 年的人均国内生产总值只有 249 美元，日本为 10787 美元，美国为 17134 美元。我们要在中国当时有限的电信基础设施和有限的计算机化经费预算的框架内，提供短期和长期的改进建议。

这是一项富有挑战性的项目。我们到中国做了几次实地考察，用了4个月完成项目报告。我们建议：

1.短期的改进——加强现有的纸质化系统，缩短清算时间，迅速取得成效，改善银行间的流动性。

　　☆在同城票据清算所之上，在全国各地建立区域性票据清算所，实施统一的清算程序。

　　☆实施独特编码系统的支票和支付票据。

　　☆中国人民银行实施每天三班24小时支票处理。

　　☆开发一个快递系统运送支票和汇票到区域清算中心，包括：①在郊区和农村地区的地面运输，使用汽车、自行车等方式。②主要城市间的航空运输。

2.长期的改进——迅速地发展新一代技术的支付系统，跨越纸质系统。

　　☆建立由人民银行管理的一个全国性的电子结算系统。

　　☆开发类似美国联邦储备系统的可提供即时资金在线实时电子系统。

我们将建议提交给中国人民银行，并与其专业团队进行了一整天的研讨会。会后，由中国人民银行的一位副行长在颐和园设宴招待我们。虽然人民银行在讨论会上的反馈非常积极，我们的建议最后在何种程度上得到实施就不得而知了。中国人民银行也没有在项目之后委托我们进行进一步的咨询及跟进研究扩大支付系统。

"第一芝加哥"在 1998 年与第一银行（Banc One）合并，成为历史，组成第一银行集团，其后又与大通在 2004 年合并。

我们在公开资讯中知悉，中国人民银行在 1991 年开始开发卫星通信网络的全国银行间支付系统，加快跨区域的银行间支付。它还组织并建立了省内和市内的清算系统，以缩短当地汇款和转账的清算过程，减少在途资金和改善流动性。四大国有银行也建立了先进的电子数据交换系统。

30 年后，中国在 2014 年的人均国内生产总值增长超过 3000%，达到 7594 美元。它在支付基础设施的发展，完全跳过了支票系统，这正是我们"第一芝加哥"研究团队报告的一个建议重点。如今，中国已成为电子支付的领先国家，尤其是互联网的电子商务支付，以及客户使用移动设备的网络购物习惯。

在 2016 年第一季度，中国网上零售总额达 3870 亿美元，是世界上最大的电子商务市场。摩根士丹利分析评论，预计中国的网上购物者的数目将在 2023 年超过 6.6 亿[1]。

中国的电子商务革命已成功开展了。

---

[1] "中国的电子商务革命"（China's e-Commerce Revolution），2015 年 3 月 13 日，摩根士丹利蓝色报告（*Morgan Stanley Blue Papers*）。

6.九大戒律

在证券清算和结算处于纸质化的时期，经纪行要派遣信差或使用邮寄递送凭证和支票去完成交易交割，这个过程涉及巨大的风险和高昂的交易成本。

在20世纪60年代末期，纽约证券交易所经历了前所未有的交易量暴涨，于1968年4月一天达1500万股。三年前每天的交易量才500万股，在当时已经是忙于应付了。由于纸张处理的工作量巨大，股票凭证被随意堆积在任何可供摆放的平面上、文件柜顶或桌子上。股票被邮寄到错误的地址，或者根本没有寄出。强制加班和夜班工作变成常态，员工流失率高达60%。

为了解决危机，纽约证券交易所实施两项举措。

第一是要把股票凭证保存在一个中央存管机构（central depository）——这做法也被称为"凭证固定化"（certificate immobilisation），并将拥有权的记录更改电子化。于是，纽约证券交易所于1968年建立中央凭证存管服务（Central Certificate Service），并于1973年成立存管信托公司（Depository Trust Company，DTC）。

第二是有关多边净额结算（multilateral netting）的实施，进一步降低交易量。由存管信托公司担任每一笔交易的交易对手，每个经纪商必须在此开设账户。于是，交易再不用每笔进行支付和证券交收，而是将每个成员经纪商一天的交易和支付累积，然后在当天市场结束后，通过在存管信托公司的账户，将经纪商之间的证券和资金的净差一笔过转移。

这两项措施是清算和结算程序的第一次重大演变。但更重大的转变发生，是对1987年10月的"黑色星期一"股灾的回应。

在1985年年底至1986年年初，美国经济开始从20世纪80年代初的经济衰退复苏，迅速增长。股市显著反弹，道·琼斯指数在1987年8月升至2722点高峰。

在英国，撒切尔（Thatcher）夫人政府从1980年发起国有工业私有化的计划。1986年的"大爆炸"（Big Bang）行动，导致交易的数量急速倍增。

1987年10月19日，金融市场称之为"黑色星期一"，股市在世界各地崩溃，市值在很短的时间内暴跌。股市崩溃从中国香港开始，向西蔓延到欧洲，然后至美国，所有市场都显著地大跌。道·琼斯工业平均指数下跌了22.61%（508点），跌至1738.74。标准普尔500指数下跌了20.4%，从282.7点下降到225.06。这是华尔街有史以来单日最大的跌势。

图14 《时代》杂志1987年股市风暴的专题封面

"黑色星期一"的股票价格急剧暴跌，令后台的清算和结算受到无比巨大的压力。许多投资者都售出证券，希望减少损失，但因为结算不能及时完成令他们风险暴露。

中国香港受到的影响尤其大。李福兆是当时香港联交所的主席，他来自一个显赫的家族，成员在本地的商业、政治和司法界都担任要职❶。他于1929年中国农历新年的第一天出生，同一年，纽约股市崩溃引发美国经济大萧条。他的父亲李贯春有12个孩子，他是最小的儿子。据说，他从6岁开始已涉足股票市场，成就辉煌。1969年，他创造了历史，与他的哥哥李福兴建立远东证券交易所，打破了香港会对股票买卖的垄断，被称为"股坛教父"。1986年，他领导远东证券交易所与其他三家交易所合并，成立香港证券交易所，即今天香港交易及结算所的前身，创造了全球其中一个最大和最具活力的交易所，市值2600万美元，并担任交易所的第一届主席。

"黑色星期一"全球股市暴跌后，李福兆决定关闭中国香港的股市4天，以免使其再受世界其他地区的暴风雨影响。无论是本地，还是国际的所有投资者，都被这突然的决定锁住了投资，李福兆受到巨大的批评。在宣布这项决定的新闻发布会上，最令人难忘的画面是，他在电视镜头前，众目睽睽下，怒气冲冲地击桌，威胁要起诉质疑交易所关闭合法性的记者。市场4天后重开，恒生指数跌了33%。之后，香港股市被一些评论家称为"米奇老鼠市场"（美国俚语，指此市场难成大器）。

❶李家族是当时香港的四大族之一。李福兆的哥哥李福善是资深法官，是首位担任最高法院上诉庭副庭长的华人。在他的侄子中，有东亚银行主席李国宝先生，前教育部长、现任行政会议成员李国章教授，医学院院长李国栋博士。资料来源："金融业向'校长'李福兆告别"（Finance sector says farewell to it's head master' Ronald Li Fook-Shiu），2114年12月31日，《南华早报》（South China Morning Post）。

图15 香港"股坛教父"李福兆

李福兆的个人遭遇其后也出现大幅逆转。他于1987年12月被香港廉政公署（Independent Commission Against Corruption）拘捕，他被控告在任香港联交所主席期间受贿以换取公司上市批准，于1991年被判罪名成立，入狱4年，在赤柱监狱住了30个月。

李福兆在入狱时，据说个人财富值达100亿港元。在他被监禁期间，光是他的股票投资组合便每天赚取近500万港元。他对抗癌症数年后于2014年逝世，享年87岁。

鉴于严重的价格波动引发全球清算的风险，由30家大型国际银行组成的"三十集团"（G30），在当时花旗银行董事长约翰·里德（John Reed）的领导下，研究并发表有关"世界证券市场的清算和结算系统"（Clearance and Settlement Systems in the World's Securities Markets）的报告，提出了降低跨境证券结算风险的9项建议。

G30于1989年的建议，提供了确保高效率和低风险的清算结算环境的一般原则，包括缩短结算时间、设置记账式结算程序和中央存管机构，采用货银同步交付的规则，交易净额结算并即日资金入账，采用国际证券组织（International Securities Organisation，ISO）订立的证券标准标识和信息及推广证券借贷用以方便交易的结算。

G30的建议全面地影响了世界各地证券市场改革的优先次序。后勤部门的结算问题，一时成为众多讨论的重点。

G30其中的一项建议，是所有市场实施"交易日加三日滚动结算"（"T+3"Rolling Settlement），缩短结算时间，降低市场风险。

中国香港在实施这项建议时，面对了独特的考虑点。香港在20世纪80年代已实施24小时结算的规则，股票结算需要代理商之间进行实物交割，涉及大量的纸张实物转移和烦琐的程序。引发的另外一个问题是，在结算后，如果投资者想立即行使股份的权利，过户登记过程需要21天，才可以配发新股。结果是大多数股票在过户登记限期结束之后以"街名"（Street Name）持有，实际上变成了不记名股票，以及集中在登记日前，才登记领取股息或有关权益。这个市场做法并不安全，在市场高度活跃的时候，往往对结算过程造成高压。

四大证券交易所于1986年合并后，引进电子计算机支援交易，导致整体交易量及国际参与度同时大幅增加。在1986—1987年的牛市中，所有交易要符合24小时交割的规定变得非常困难，即使交易的所有参与者是本地对手。

虽然延长结算期普遍被认同，但要做出这个决定却并不容易。联交所的统计数据显示，75%左右的交易是"T+1"，即符合结算规定。因此，多数券商和投资者对"T+1"的操作颇为畅快。结算期延长至"T+2"，相对是退步了，等于要求占多数的有效率券商接受结算时间增长一倍，市场的风险增加了。

但要维持香港作为一个开放市场在国际经济中的地位，尤其要修补之前4天闭市的不良声誉，交易所成员不得不充分考虑到国际投资者的需求和时区差异对其结算的影响。举一个案例：如果基金经理在悉尼，投资者在纽约，全球托管人在伦敦，次托管人在香港，结算没法可能在24小时内完成，要"T+2"才可以完成。

经过冗长和激昂的辩论后，香港联合交易所的成员同意从"T+1"更改为"T+2"，而不是G30建议实行的"T+3"。

另外也达成协议，在1991年年底前设置中央结算及交收系统，使券商可以中央净额结算和记账式交付，以及实施无证化股权过户登记。交易数据将由联交所传输香港中央结算有限公司于交易日收市后进行处理。所有市场参与者会通过电子界面连接结算系统，汇款会通过已建立的银行系统进行。中央结算公司会保证联交所港股交易的数据于输进系统后锁定作实。

当时，世界各地的交易所仍在努力把现有的结算周期缩短为"T+3"，但香港反将结算期由"T+1"延伸至"T+2"，比世界各地领先一大步。

G30的建议，被行业奉为九大戒律，作为衡量每个市场的风险因素的基准。

至于第十戒，G30报告中并没有提出，市场上有各种非官方的版本，如圣经中的"汝勿贪图"，或激励性的"愿最佳的人胜出"，以至哲理性的"让无形之手统治"……

附录：G30在1989年的建议

一、在"T+1"完成交易校对

到1990年，市场直接参与者（即经纪人、交易商及其他交易所成员）之间的交易校对应于"T+1"完成。

二、间接参与者的交易校对

间接市场参与者（如机构投资者或任何不是经纪人、交易商的交易对手）应到1992年成为一个交易校对系统的成员，实现积极确实交易明细。

三、中央存管机构

到1992年，每个国家都应该设置一个有效和充分发展的中央证券存管机构，组织管理和鼓励行业广泛性（无论直接或间接）地参与。

四、净额结算

每个国家应该研究其市场和参与情况，以确定交易净额结算系统是否会对降低风险和提高效率有利。如果适当，应到1992年实施。

五、货银同步交付

应采用货银同步交付（Delivery versus Payment）作为所有证券交易的结算交割方法，到1992年实施。

六、即日资金入账

与证券交易结算有关的付款及证券投资组合的服务，应采用"即日资金入账"（same-day funds）作为所有交易工具和市场的一致约定。

七、T+3滚动结算

所有的市场应采用滚动的结算系统，到1992年实施T+3最终结算。

八、证券借贷

应该鼓励利用证券借贷加快证券交易结算。应消除现时限制证券借贷实践的监管和税收障碍。

九、采用ISO 7775和ISO 6166标准

每个国家都应该采用由国际标准化组织开发的ISO 7775证券信息标准。各国尤其应采用ISO 6166标准定义的ISIN编号系统，至少用于跨境交易的证券。

（资料来源：www.group30.org）

7.风控管理人

2003年1月,"三十集团"(G30)再发表了一份有关"全球清算及交收行动计划"(Global Clearing and Settlement: A Plan of Action)的报告。该项目是由英国中央银行副行长安德鲁·拉兹爵士(Sir Andrew Large)领导进行的,确定了1989年的报告发表后取得明显进展的方面,以及检讨进展较少或根本没有进展的方面。

2003年的报告,建议对清算和交收过程进行更广泛的改革,包括技术和业务领域全球标准的建立和实施,风险管理做法的改善,全球性的法律和监管环境的进一步协调,以及清算和交收服务供应商管理的改善。该20项建议,旨在大力提高国际证券市场的安全性和效率。

报告中的一项建议是"扩展实施中央对手方"(Central-Counter-Party)。这是进一步扩大1989年G30的建议,推动在每一个国家建立中央存管机构。

中央对手方（CCP）执行以下两个清算功能：

☆当双方达成交易，并在CCP登记交易，CCP便会成为该笔交易的对手方，一份合约变成了两份（即所谓合约抵消更新，netting by novation），成为每一个卖方的买方和每一个买方的卖方。

☆每笔交易不需要再支付现金和交付证券，CCP会对会员之间的交易进行多边净额结算。因为CCP作为中央对手，A和B双方需交付的证券，可与同一日C和D双方交付的证券抵销。现金交付也一样。双边净额结算只容许交易的一方与另一方对手净额结算，通过CCP可以实现多边净额结算，将风险降至更小。

举一个例子：如果一个经纪人代一个客户买了100股苹果公司的股票，又代另一个客户售出50股苹果公司的股票，那么券商的积累净头寸是50股苹果公司的股票，这个净头寸将在当日市场结束后记录在中央存托机构。如果经纪人以每股100美元购买100股苹果公司的股票，并以同一价格在当天卖出该50股苹果公司的股票，净差额加上交易成本会在当天市场结束后借记经纪人的账户，贷记CCP的账户。同样，只有50万股苹果公司的股票将被转移到经纪人的账户，反映买入100股和卖出50股的净差额。

CCP因为承担了交易的大部分信用风险，双方都受益。如果两方直接交易，买方要承担卖方的信用风险，反之亦然。通过CCP交易，买卖双方的信用风险由CCP承担，这在大部分情况下会比双边承担的风险小得多。

CCP是由清算所通过渐进的试验而演变产生的，意义深远。自1800年，清算所已开始为银行的支票和其他交易进行净额结算。在19世纪，他们开始通过三种形式，为成员在银行发生危机和恐慌时提供支持：

　　☆所有成员暂停提取存款。
　　☆清算所停止公布个别成员银行的财务信息，这样公众就不知道哪家银行财政良好，哪家有财政困难。
　　☆清算所发行小面额的"结算所贷款证"（clearing house loan certificates），让公众认购。

贷款证是由所有成员银行共同承担责任的，相等于有效的货币得到存户的接受，不再从成员银行提取现金。于是，清算所有效地把所有成员之间的风险共有（mutualise），成为成员银行的"最后贷款人"（lender of last resort）。

清算所贷款证被视为美国银行业在19世纪最重要的演进，为当时经常发生的危机创造流动性，防止没有财务问题的银行被迫拖垮倒闭。例如，在1893年的市场恐慌期，美国清算所在全国发行1亿美元的贷款证；在1907年的恐慌期，在全国发行总数为5亿美元的贷款证。这些金额在今天仍然是个大数目，可想在100多年前这些金额有多庞大。从另一角度看，若非清算所的成功支持，5亿美元会从1907年的美国银行系统中抽走，负面影响会非严重。清算所自然地成为在1913年创建的美联储银行的模型和框架。

哪一个是世界上最早的CCP，目前还没有明确的结论。芝加哥期货交易所（Chicago Board of Trade）的历史，是最能说明从清算所演变为CCP的发展的例子。在早期，芝加哥期货交易所已认识到必须建立遵守其规则的动力机制，包括各交易方遵守在交易所交易合同的义务。最初，采用的主要诱因，是对拖欠债务的成员禁止交易的惩罚。这方法无疑可以鼓励财政健全的成员履行自己的义务，但对破产的成员而言，丧失交易的权利，相对于不良财务状况的损失，可能没有明显的阻吓力。

1873年，芝加哥期货交易所已认识到评估其成员偿付能力的重要性，于是通过了一项决议，规定任何成员若其偿债能力遭到质疑，必须接受核查其财务账户；如果拒绝的话，可能会被取消会籍。交易所同时引入了对交易合约的初始保证金（initial margin）和变动保证金（variation margin）的要求，并规定存置保证金的严格时限。未能准时存置保证金，将被视为交易违约。

1925年，芝加哥期货交易所成立交易结算公司董事会（Board of Trade Clearing Corporation），成为一个正式的CCP，作为在交易所所有交易的对手方。之后，所有交易所的成员都必须持有结算所的股份，只有持有股份的成员才可以使用交易所。另外，也要求成员在清算所存置保证金。若发生成员违约，清算所将负责履行违约成员的交易，以保证金尽力偿还欠款的义务。但是，若损失金额超过保证金的时值，缺口将被借记入清算所的资本，由非违约会员所拥有的资本抵销。如果损失严重到耗尽清算所的资本，则可以要求会员购买额外的股份。

图16 芝加哥期货交易所总部大楼

自此，许多其他的CCP也通过这种安排将风险共同承担，无论是交易所的衍生品还是现金证券交易。借此鼓励所有交易所的成员设置风险控制措施，控制因个别成员的交易违约而导致其他成员的损失幅度。此外，由于会员拥有清算所的股份，他们有能力采取行动进行有效的风险管理。

这些安排表明了市场力量如何能够解决有关安全性、稳健性和更广泛的金融稳定。

自 2003 年的 G30 报告发表后，CCP 在清算活动中已经相当普遍，通常是独立于中央存托机构的法人。虽然 CCP 与中央存托机构的关系密切，但它们在各自的清算和交收过程中，扮演着不同的角色并肩负着不同的责任。

在亚洲，CCP 的实施由股票市场逐步拓展到包括中国、印尼、马来西亚和泰国等新兴市场的债券市场。

2008 年，雷曼兄弟（Lehman Brothers）公司倒闭，引发全球金融危机，CCP 成功完成价值数以万亿美元的各类场内及场外金融工具交易。

CCP 协助将全球的金融末日化险为夷，被誉为"风控管理人"（Risk Controllers）❶。

附录：G30 在 2003 年的建议

一、建设一个强化及可互用的全球网络。

（1）消除纸张，实施通信数据的采集和充分自动化。

（2）协调信息的标准和通信的协定。

（3）制定并实施参考数据的标准。

---

❶《风控管理人：全球化金融市场的中央对手方清算》，作者彼特·诺曼（Peter-Norman），2007 年 12 月，威利出版社（Johns Wiley & Son）出版。

（4）协调各清算及交收系统和相关的支付及外汇系统之间的时间配合。

（5）实施机构交易核对的自动化和标准化。

（6）扩展实施中央对手方（CCP）。

（7）容许证券借贷，以此加快交收。

（8）实施资产服务流程自动化和标准化，包括公司行为、扣税减免安排，以及对外资拥有权的限制。

二、降低风险

（1）确保清算和交收服务供应商的财务健全。

（2）加强清算和交收服务供应商用户的风险管理措施。

（3）确保资产的终结同步交收和可用性。

（4）确保有效的业务连续性和灾难恢复计划。

（5）针对解决系统性重要机构的倒闭可能性。

（6）加强合约可执行性的评估。

（7）提高对证券、现金或抵押品的法律确定性。

（8）确认并支持对估值方法和净额结算安排的改善。

三、改善治理

（1）确保出任高级董事会的成员具备适当经验。

（2）促进证券清算和交收网络的公平准入。

（3）确保公平和有效地重视持份者利益。

（4）鼓励对证券清算和交收服务供应商的法规和监督的一致性。

（资料来源：www.group30.org）

8.本性难移

"找不到一个更佳的用词……贪婪是好的。"(Greed, for lack of a better word, is good...）由迈克尔·道格拉斯（Michael Douglas）扮演的股市大亨盖柯（Gekko），在1987年的好莱坞电影《华尔街》（*Wall Street*）中做出这样的宣言。

贪婪，对很多金融创新的产生起了重要作用，但也是许多市场异常活动的主要动力来源。

市场泡沫和崩溃，并不是现代社会才有的经济现象。远在投机者押重注在股票、债券、外汇、黄金、白银或原油之前，现在可知的第一次市场狂热发生在1600年，与一朵美丽的花——郁金香——有关的投机。

郁金香于1593年首次被引入荷兰。它的颜色浓烈，花瓣盛放，没有其他植物能比。而且它能抵御荷兰的恶劣天气，于是迅速受到大众喜爱。

图17 郁金香的形象

郁金香通常在4月和5月盛开，6—9月是休眠期，花的球茎可以连根拔起，供销售和购买。于是，在年内余下的时间，花农与郁金香交易商谈判，在公证人面前签署合约，购买下一季节的郁金香（期货合约，futures contracts）。郁金香的期货市场因此而产生，现今许多金融技术也从此开展。

起初，郁金香的售价统一。但郁金香逐渐受欢迎，专业花农愿意付出越来越高的价格购买花的球茎，花价于是拾级上升。1634年，因本地再加上来自法国的需求，越来越多的投机者加入市场，花价逐年急升。

很快，郁金香球茎售价达到几百荷兰盾。1636年，荷兰人正式建立了一个期货市场，买卖下季郁金香球茎的合约。即使是普罗大众也有参与，希望赚取快钱增加收入和致富。

人们对郁金香的狂热在1636—1637年冬季达到高峰。据说，一些郁金香球茎一天转手10次。但这些合约最后都没有履行，因为在1637年2月，郁金香球茎合约价格突然崩溃，郁金香的交易陷于停顿。

崩溃由哈勒姆（Haarlem）开始，拍卖会首次出现只有卖家而没有买家的情况。原因可能是哈勒姆当时爆发严重的鼠疫。几天之后，恐慌已蔓延至全国。虽然交易商努力托市，但郁金香的市场已蒸发。几个星期前，可以卖5000荷兰盾的花，只能以50盾的价格卖出。

贪婪和非理性将价格推高，与其真正的价值脱钩，群众的投机行为和利润追求，远超越了理性。

据说1928年冬天，当时出名的有钱人和热衷投资者祖·肯尼迪（Joe Kennedy），因听到擦鞋童侃侃评论股市后，决定退出股市。

威廉·J.邓奇夫（William J. Duncliffe）在他的著作《约瑟夫·P·肯尼迪的生活和时代》（*The Life and Times of Joseph P. Kennedy*）里有这样的描述：

> ……他的直觉告诉他，疯狂的股市狂潮像过山车般舞高弄低，没可能持续下去，最终还是要回到地上。他在

他的经纪办公室，发觉挤满了大堆自以为是股市专家的人群，高声叫喊下单买卖股票，他好不容易才能挤进去。

有一天，他去光顾华尔街的擦鞋厅。

"为我擦鞋的孩童不认识我……他不是在讨股票贴士之类，对股市的认识水平一般，但跟其他人一样也入了市。他一边用鞋布擦拭我的皮鞋，一边不停地谈论今天市场的形势，哪只股票会上升，以及市场的反应会怎样。

我只是站着听他说话。我离开时想：'当一个擦鞋童对股市的关注跟我一样，可以如数家珍地告诉我股市所发生的事情，那么应该是我或者股市发生了问题，是退身股市的时候了。'"

伯纳德·巴鲁克（Bernard Baruch），另一位投资者，与他有相同的见解，曾这样描述大市崩溃前的情景：

> 出租车司机告诉你应该买什么股票；擦鞋童可以一边用布擦拭皮鞋，一边和你谈论当天的财经摘要；那个经常在我办公室前街上徘徊的老乞丐，现在竟然给我送股票贴士，可想他已用了我和其他人给他的钱入市。我的厨师也在经纪商开了个账户，每天紧盯着股市的动向，最后其所有的账面利润都被1929年的股市大风暴吞掉了。

擦鞋童买股票，因为他看见市场在往上升，以为有一个致富机会，将来可以不用再为祖·肯尼迪或伯纳德·巴鲁克等人擦鞋。他买股票不是因为他相信未来的经济会表现出色，也不是因为他对所买股票的公司的基本情况做了深入分析。他买股票是因为大家都在这样做——做发财梦，于是他也想分一杯羹。

不到一年后，股市在世界各地崩溃，数以千万计的人因此陷入穷困。

类似的情况，在1900年初的许多亚洲国家的市场大升大跌过程中重演。1980—1990年间，在香港中环工作的人，一定会记得在戏院里有一排多个男擦鞋匠在那里替客人擦鞋（童工当时在香港已经是非法的了）。在大牛市的那些日子，这些擦鞋匠跟穿着上班西服的客户之间，正是同样的对话。

图18　今日的戏院里

以"大淡友"见称的香港投资分析师麦嘉华（Marc

Faber），对这个市场行为有一个更出位的说法。

他在1995年出版的《金钱幻觉》刊物中说，上夜总会可以帮助预测股市："如果夜总会的小姐也开始跟您发表对股票的看法，这正是卖出股票的时机。"

图19　20世纪80年代的大富豪夜总会

时光飞逝，20年后的2015年夏天，中国股市经历了成立以来最严重的股市泡沫爆破。

2015年6月泰勒德登（Tyler Durden）在2015年6月24日的zerohedge.com网站上刊登了下面的照片并评论说：

"当你看到卖香蕉的小贩也参与炒股，你就知道这股市已经完蛋了……"

下面的照片说明了一切：

图20　全民入市炒股

有些市场的行为，是永远不会改变的！

9.霸菱的倒闭

哈利酒吧（Harry's Bar）位于新加坡来佛士广场（Raffles Place），毗邻富有历史的驳船码头（Boat Quay）那个繁忙的商业河滨，开业已经有20多年。它在《孤独星球》（*Lonely Planet*）和几乎每一本旅游指南中，都被誉为新加坡最好的酒吧之一，以爵士音乐和经典的美式食品，如牛排和汉堡而驰名。在它的饮品单上，有一种名为"推垮银行者"（Bank Breaker）的鸡尾酒。李森和其他交易员在20世纪90年代初的亚洲经济繁荣时期，经常光顾哈利酒吧。鸡尾酒是为纪念尼克·李森（Nick Leeson）而调制的，以绿色的蜜多丽加进威士忌和双倍的苏打水混调而成，口味带甜，入口温顺，但吞进肚里时酒精呛喉，出人意料。

1995年，英国历史悠久的投资银行霸菱，因其新加坡办事处的衍生品交易员李森未经授权的巨额亏损而倒闭，令全球金融市场震惊。

图21　位于驳船码头的哈利酒吧

哈利酒吧当时的经理玛格丽特·伍德沃德（Margaret Wood-ward），对经常光顾酒吧的银行家和交易员有这样的评论："尼克·李森经常跟一群豪客来这里泡吧，出手阔绰。在那些日子里，他们都很豪……但他们也没什么的，从来没有闹事，只是喧闹一点吧。"❶

她说见过与李森同来的友人把新加坡百元大钞撕毁，点燃作乐。

20世纪90年代中期是新加坡交易员的黄金时代。他们都很年轻，深信贪婪是好的。当时牛市已持续了10年，每人都赚了不少钱。但好景不长，市场终于开始塌下来。

李森出身于英国撒切尔（Thatcher）工业改革期间的一个工

---

❶ "李森留下的'推垮银行者'遗产"（*Leeson Faces 'Bank Breaker' Legacy*），1999年7月1日，《莫斯科时报》（*The Moscow Times*）。

人阶级家庭。他的父亲哈里是一个普通的泥水匠，一家人在伦敦北部沃特福德（Watford）的公屋居住。李森没上过大学，高中毕业后，于1985年开始加入历史悠久的库茨（Coutts）私人银行当小职员，当时18岁。然后，他于1987年6月加入摩根士丹利国际（Morgan Stanley International）期货和期权部门工作，时年20岁，年薪20000英镑。1989年7月，他加盟霸菱（Barings）银行，在伦敦期货和期权的结算部门工作了9个月。他很渴望到经济节奏快速的亚洲工作，于是被调派到印度尼西亚首都雅加达，负责处理无人认领的股票。1992年3月，霸菱银行在新加坡国际金融交易所（Singapore International Monetary Exchange，SIMEX）购进一个交易席位，他被调派到新加坡。

1992年4月，李森抵达新加坡，在霸菱新加坡期货公司（Barings Futures Singapore）任职衍生品后台部门经理。1992年6月，他参加金融期货交易考试及格后，转任交易员。霸菱新加坡期货公司于1992年7月开始在新加坡国际金融交易所进行交易，当时有两个交易员，李森是其中之一。

他是按照一个相当简单的指数套利策略进行交易的。他买卖的日经225指数期货合约，分别在新加坡和大阪交易。理论上，两个市场之间应该不会有太大的价格差异，但事实却不一样。他看到有套利缺口便进行交易，从买卖价格差异中获利，赚钱很容易。

开始时，他在一个市场购买合约后，立即在另一个市场卖出套利；但不久之后，他的老板批准他从新加坡市场买进合约后做盘，赌日本市场的未来走向。

根据霸菱新加坡期货公司的管理结构，李森是霸菱在新加坡国际金融交易所的交易员，同时也是其结算部的负责人。结算部的责任是确保交易核算的准确性。交易和结算通常会由两个不同的员工担任。霸菱允许李森作为交易员，并同时结算自己的交易，于是把正常的会计和内部控制与审计的保障措施置于脑后。事实上，伦敦总部并没有监督李森，使他很容易隐瞒交易损失。

1992年7月，李森被要求开立一个用来记录错误交易的账户——账号88888，把因工作人员经验不足而造成的错误记录入账。后来，他就是利用该账户进行未经授权的买卖。

在多年后的采访中，李森回忆说："我有一天在交易所大厅交易损失了。我发报告给东京，他们叫我上报伦敦。但我并没有这样做，把损失入账今日臭名昭著的五位数（88888）账户……我知道有一天会被人发现的。我在结算部工作过，知道每天早上第一件要做的事是核对交易仓盘，犯了的错误便自然会暴露。"❶

由于缺乏监督，李森能够在霸菱新加坡期货公司将看似很小风险的期货套利赌博，通过更改记录隐瞒他的损失。所有交易盈利录账东京，所有损失录账"88888"账户。他逐步冒更大的风险，期货和期权交易押注更狠，希望赚回在新加坡期货交易所的损失。

---

❶《牙买加观察者国际版》（*The Jamaica Observer, International Edition*），2004年11月30日。

损失开始后的三个月，第一次进行审核。"我想不到怎样才能把损失隐藏起来，也没有去预想将来会发生的事情。我在年终向伦敦要求增加500万美元资金，用作清还'88888'账户。这一切都不是火箭科学，希望你能看到在整个事件上严重缺乏常理……我在年终已亏损达2000万美元。在1993年5月，我设法把账户变回正贷……在此期间，有审计和监管人员来进行过内部和外部的调查。许多人看过'88888'账户的交易活动，但并没有提出任何意见。"

霸菱新加坡国际金融交易所的规模较小，但霸菱期货于1993年的利润贡献，却占整个集团的20%，令伦敦惊讶。李森于是趁机利用这个机会。

"我大量卖出平价期权（at-the-money options）和多空套做（straddles）合约。经常有人问我为什么，是否有什么策略。答案是没有。我只是需要钱，需要用很多很多的钱去隐藏损失。我所做的只是一个月一个月地把损失实现推迟。我通过卖出期权这样做。一个月的期权到期，我会再卖出下一个月的期权。

"市场开始下跌，我的损失开始增加，于是我的持仓也大幅增加……电影《流氓交易员》中有一幕：我望着镜子，不能接受我当天亏损了5000万美元的事实。但我可以跟你说，那个数字其实已是较佳的一天了。"

到1994年12月，李森已经为霸菱亏损了2亿英镑，但他却向英国税务局报告获得了1.02亿英镑的利润。

　　1995年1月17日，神户发生大地震，日经指数崩溃，李森的运气也完结了。李森去尽一铺赌日经指数会迅速恢复，他担心指数会跌破18500点，大规模买入日经指数期货，企图将其推高。1月23日，日经指数暴跌1000点至17800点，一天损失市值5.6%。李森绝望地购买更多的日经指数期货，拼命把市场推上去。到1995年2月中旬，他积累了巨大的日经指数持仓，占日经指数期货持仓的一半，日本国债期货持仓的85%。市场也意识到他的巨大持仓，有可能在跟他对赌。他在88888账户的仓盘过大，已没办法脱身了。

　　1995年2月23日，李森离开新加坡飞往吉隆坡。霸菱审计人员终于发现了他的诈骗行为；同时，董事长彼得·霸菱（Peter Baring）也收到了李森的自白书。李森的行为已造成了合计8.27亿英镑（13亿美元）的损失，相当于银行资本金的2倍。此外，霸菱因倒闭另需要付1亿英镑的费用。

　　英国央行尝试于周末进行营救，但没有成功。霸菱于1995年2月26日被宣布破产，并任命破产管理员掌管霸菱集团及其子公司的财务状况。1995年3月2日，李森在法兰克福机场企图偷偷返回英国时被捕。几天后，霸菱被以1英镑出售给荷兰的银行和保险业巨头荷兰国际集团（ING），230多年银行历史由此结束。是年5月，荷兰国际集团开除了21名未能控制李森及与其崩溃有关的霸菱管理高层。

　　11月23日，李森被引渡到新加坡审判。他承认伪造和作弊的两项指控，并于12月在新加坡被判处6年半徒刑。在拘留期间，他被诊断患有结肠癌，进行手术，后来复发。他的婚姻破裂，妻子丽莎改嫁。

在监狱里，李森写了一本叫做《流氓交易员》的自传，书中详细阐述了他导致霸菱倒闭的行为。这本书于1996年出版，据报道，李森获得了70万美元的版税预付金用来应付庞大的法律费用。这本书后来被拍成电影，由伊万·麦克格雷格（Ewan McGregor）扮演李森，安妮·费伊（Anna Friel）扮演丽莎，李森获得电影5%的利润。

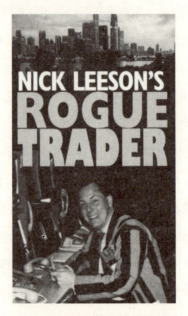

图22　《流氓交易员》一书的封面

李森在这本书中谴责监管的缺乏，容许他以大量的资金进行赌博交易而没有被管制。

"我每天的交易量可以达到新加坡国际金融交易所的60%—80%，并持仓至少40%。这些交易规模应该受到交易所的高度关注，但事实上并没有。在1994年交易所举办的颁奖典礼上，其管理层颁授最高交易量客户奖给'88888'账户——当时该账户可能代表了交易所客户总交易量的95%……

"英国央行也难辞其咎。霸菱的资本只有2.5亿英镑，但我竟拿着5亿英镑。我知道我的A级数学科不合格，但即使这样，我也可以看到这数字不大妥当。法定的上限仅为20%，他们竟让霸菱把超过资本100%的资金发送给我在新加坡进行交易。霸菱资金部当时每天支付5000万至1亿美元给我，没有做出任何应有的合理怀疑。期货和期权的基本规则是，它是一个现金流充裕的活动，但当时付出的资金已比从交易所收回的更多。资金部还向英国央行编造给附属机构贷款的原因。我胡言乱语的理由，他们照原样转发给英国央行。

"霸菱到1994年年底，基本上已用尽了其他银行给它的所有信贷额度，再没有任何更多的资金给我。你以为他们会看清楚情况而做出调查，但霸菱管理层却完全相反。他们到市场发行1亿英镑的债券，收到钱后，就发送到新加坡给我。"

李森于1999年7月3日出狱。

哈利酒吧庆祝他的释放。"我们举行了一个'自由释放'（Flight of Freedon）派对。"哈利酒吧的经理安德鲁·许忆

述❶，"我们免费供应啤酒2小时，所有工作人员都穿上印有
'李森上了一课'（Leeson Learns his Lesson）的T恤……我们
满怀希望尼克·李森会登门喝酒；但他当然没有来，他被当
局押送出境了。"

---

❶ "李森的遗产长存在新加坡"（*Leeson's legacy lives on in Singapore*），2005年2
月23日，英国国际广播公司亚洲报告（*BBC World Asia Report*）。

10.冬荫效应

　　1987年爆发的市场危机是推动20世纪90年代全球众多市场改革的主要动力，亚洲市场也对G30建议的落实作出了重大改革。但是，1997年6月至1998年1月，一场金融危机如大火般席卷了东南亚的"亚洲小虎经济体"，市场力量迅速面临强力的考验。

　　泰国是整场危机的开端。

　　在过去的10年时间，泰国与马来西亚、新加坡、印度尼西亚、中国香港、韩国等亚洲经济体的快速成长，全球瞩目。在20世纪90年代前半期，泰国经济的平均年增长率超过了8%，直到1996年才放缓至6.4%。尽管它的通货膨胀率从1993年的3.4%跃至1996年的5.9%，但以新兴市场的标准来看，其涨幅仍属温和。泰国国内储蓄额非常之高，约占国民生产总值的34%，政府在过去10年内有9年实现财政盈余。作为一个身处经济快速增长地区的快速成长经济体，泰国一度是自由市场的成功典范。

首都曼谷尽享经济增长的裨益，城市到处充斥着金钱和繁荣的气息。由于泰铢与美元挂钩，大银行和大型企业以较低的利率借入美元，再兑换成泰铢在国内放贷，造成了信贷热潮。酒吧和汽车展销会的数量激增，一条崭新的城市天际线，勾画出曼谷的繁华景象，震撼人心。房地产业十分繁荣，数以百计的宏伟现代建筑，为这座城市增添了足以满足多年居住和商业需求的待售物业。

坐落于席隆区（Silom）和素坤逸区（Sukhumvit）的餐厅、酒吧、酒廊，播放着墨瑞·汉德（Murray Head）的流行歌曲《曼谷一夜》（One Night in Bangkok）：

曼谷，洋溢东方的气息

Bangkok，oriental setting

城市可知得天独厚

And the city don't know what the city is getting...

曼谷一夜，如获至宝

One night in Bangkok and the world's your oyster

酒吧如殿堂，珠玉有价

The bars are temples but the pearls ain't free

仙人在金壁回廊

You'll find a God in every golden cloister

一点肉体，一点记忆

A little flesh，a little history

仙子依偎在身旁

I can feel an angel sliding up to me

曼谷一夜，强人也变得柔弱

One night in Bangkok makes a hard man humble

在绝境和极乐中……

Not much between despair and ecstasy...

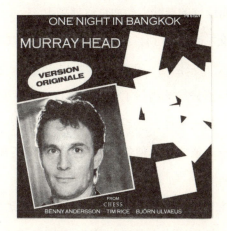

图23　墨瑞·汉德的热销唱片《曼谷一夜》

　　泰国令人瞩目的经济增长，推动了对外借贷市场的大幅增长。政府通过借款投资基础设施建设，企业通过借款扩大投资规模。1996年，由于美元升值的影响，泰国的对外出口量大幅下跌，经济增长开始放缓，从上一年的8.5%跌落至6.7%。泰国出现了10年中的第一次预算赤字，一时人心惶惶。股市下跌至

8年来的最低点，贸易逆差扩大，曼谷市内办公楼的空置率在1996年年底超过了20%。不良房地产贷款让财政部门面临重重压力。其中，曼谷商业银行的不良贷款超过了30亿美元，迫使政府于1996年5月接管该银行。

泰铢贬值的压力开始上涨，在这一关键时刻，泰国中央银行（Bank of Thailand）奋力抵住压力，因为泰铢一旦贬值，那些未对冲货币风险敞口的泰国企业，必定会承担更沉重的美元债务负担，而疲软的泰铢也会加重通货膨胀。

从外汇交易市场看到，泰国的巨额外债是以美元计值的，需要用大量美元来偿还。市场认为，以25泰铢兑1美元的汇率，泰铢的价值显然被高估了，需要进行大幅下调。外汇交易商从本地银行借入泰铢，然后立即在外汇市场抛出，兑换成美元。如果泰铢贬值成真，他们会回购泰铢来偿还贷款，通过美元升值赚取利润。

乔治·索罗斯（George Soros）经营的量子基金（Quantum Fund），是其中参与沽出货币短仓期望从贬值中获利的投资者，基金实力雄厚。据报道，此对冲基金对泰铢大幅下跌押上了40亿美元的赌注，这是索罗斯在20世纪90年代通过卖空英镑获得巨额利润时所使用的同一策略。

索罗斯在《开放社会：改革全球资本主义》（*Open Society: Reforming Global Capitalism*）一书中提到："如果泰国经济或该国金融体系不是这么糟糕的话，我是不可能对泰铢做投机买卖的。"

他认为点燃危机引线的并不是对冲基金，其作用只是在动荡中加了一把火而已。如果某一趋势无法持续的话，尽早转变风向势比反应迟缓更有利。

泰国央行在外汇市场上用美元买入泰铢，同时调高利率来提升泰铢对投资者的吸引力，增加投机者在外汇市场上借入泰铢再进行抛售的成本，以此方式来干预汇率，进行货币战。此外，泰国央行还采取各种措施来限制外国人购买泰铢。

但在这场货币战中，泰国央行发现市场形势很快变得不利于泰铢，银行的外汇储备被迅速消耗。1996年12月，泰国的外汇储备为372亿美元，到1997年6月（泰铢价格实施浮动前夕），这一数字下降到309亿美元。此外，1997年8月的报告显示，在接下来的12个月内有234亿美元的未列入资产负债表的远期市场债务需要偿还。外汇储备出现了被耗尽的危险。这场战争在1997年5月中旬达到高潮，有14家投机机构对泰铢下了100亿美元的赌注，用于摧毁货币联系汇率制。

高利率同时也提高了借款成本，对外债的浮动利率贷款负债产生了不利影响。

1997年7月2日，由总理差瓦立领导的泰国联合政府决定放弃25泰铢兑1美元的联系汇率，让汇率自由浮动。在这个不利形势下，汇率很快便下跌到33泰铢兑1美元，跌幅达50%，并继续一路滑落至57泰铢兑1美元。

图24　泰铢价格暴跌

　　泰国的企业和个人所持的外债顿时超过了700亿美元，相当于本国经济总量的一半左右。他们发现自己的泰铢债务增加了一倍多，很多人不得不宣告破产。

　　泰铢的崩溃带来了多米诺骨牌效应，亚洲地区的所有其他货币和股市随之接二连三地崩溃。有些国家的金融和经济问题甚至引发了社会和政治的动荡。

　　1998年1月，当尘埃落定时，许多东南亚国家的股市已经跌去了70%的价值，各国货币都遭到一定程度的贬值。在这之前，自大自负的国家领袖被迫向国际货币基金组织卑躬屈膝，请求国际货币基金组织为其提供大量经济援助，并迫不得已付出代价，无奈吞下基金组织开出的苦方。

图25　泰国工人在抗议

　　泰国这场当地的货币和金融危机，对整个地区产生的影响，正如冬荫功汤一样，酸涩而又辛辣。

附录：泰铢危机大事年表

1997年2月　　　第一金融（Finance One）的股票交易被中止，政府试图通过泰国中央银行的资助，由一家泰国小银行来收购该问题严重的企业。当时，泰国房地产市场的不良贷款与日俱增，已经高达300亿美元。第一金融宣布破产，更令人担心的是其他公司将步其后尘。

1997年4月8日　鉴于泰国外汇储备的蒸发，穆迪将泰国的投资信用等级下调五级。

1997年5月14日　在新加坡的干预下，泰国动用数十亿美元的外汇储备来保卫泰铢，抵御投机狙击。

1997年6月30日	泰国总理差瓦立·永猜裕（Chavalit Yong-chaiyudh）申明不会让泰铢贬值。泰国政府未能保卫住与美元挂钩的泰铢，这是引发亚洲金融危机的导火索。
1997年7月2日	泰国宣布泰铢贬值。此新闻一出，泰铢立即下跌20%，创历史新低。泰国政府请求国际货币基金组织（IMF）提供技术援助。
1997年8月5日	泰国同意采取国际货币基金组织提出的严厉经济措施，以换取来自国际贷款人和亚洲国家的170亿美元贷款。根据国际货币基金组织提出的紧缩政策，泰国政府关闭了42家金融公司，并决定加税。
1997年9月3日	鉴于泰国外汇储备的蒸发，标准普尔将泰国的投资信用等级下调四级。
1997年12月8日	泰国政府宣布将关闭56家无力偿债的金融公司，以响应国际货币基金组织的经济重组计划。30000名白领工人失业。国际货币基金组织总裁米歇尔·康德苏（Michel Camdessus）赞扬泰国取得了实质的进展。

（资料来源：http：//historysquared.com/）

11.黄金收集行动

今天韩国的首尔商业区，到处是一派生机勃勃、欣欣向荣的景象。韩国的流行音乐和电视剧风靡整个亚洲，三星、LG等品牌的电子产品已成为世界各地家庭消费者所喜爱的热门产品。这一切让人很难相信，就在不到20年前，韩国曾在破产的边缘徘徊。

韩国是受亚洲金融危机冲击最严重的国家之一，其国家经济在短短一年内收缩了8%以上。

在20世纪90年代，韩国是全球经济增长最快的经济体之一，年平均增长率在7%—9%。即使在导致危机之前的3年内，其通货膨胀率也维持在每年5%的水平。韩国的外债占国民生产总值的比重低于30%，是发展中国家中最低的，也低于许多工业发达国家。此外，韩国的政府预算一贯能保持平衡。

韩国经济的增长，传统上极其依赖于大型企业集团或财团（日本财阀的韩国版本）。总统朴正熙（Park Chung-Hee）上台后，韩国的各家银行根据韩国政府的明确指示，以优惠利率把资金贷给财团。由于这些财团对韩国政治有着举足轻重的影响力，受到的监管极为松懈。在这个年代，大量的韩国财团登上世界舞台，参与国际竞争。银行、政府和财团三方相互勾结，加上管制松懈，导致一些财团为积极扩张而高度举债经营。

同时，受到日益严重的通货膨胀、韩元升值以及世界性经济衰退的影响，韩国的经常账户收支平衡开始恶化。为了解决日益增长的经常账户赤字，政府鼓励外国资本流入。当时，作为1996年加入世界经济合作与发展组织（OECD，简称"经合组织"）的条件，政府放开了金融管制，打开了资本市场大门。但是，韩国政府选择在长期资本流入之前，先放松对短期资本流入的控制。这一措施使许多银行和企业使用短期外国借款，尤其是美元和日元借款，来筹集用于长期投资的资金。1996年，韩国银行业的短期外债占了全年外债总额的61%，债务到期和货币错配的情况频频发生。

从1995年年中起，美国改变了其汇率政策，加强美元地位，特别是对日元的汇率。在浮动汇率管理制度下，韩元价格取决于美元占有很重的分量，因此韩元的贬值幅度要小于日元。此外，在国际市场上，韩国出口业与日本存在直接竞争关系。随着美元对日元走强，韩国不仅遭遇了贸易赤字的飞速增长，出口投资的盈利能力也严重下滑。于是，一些财团开始陷入财政困境，韩国银行界的不良贷款激增，使韩国国内银行机构的财务稳健性遭到了破坏。

1997年1月，韩宝集团陷入严重的经济危机，并以破产告终。1997年7月，韩国第三大汽车制造商起亚（KIA）汽车公司请求政府提供紧急贷款以帮助其纾困。

1997年5月，从泰国开始的东南亚国家货币危机日趋严重，很快便蔓延到整个亚洲地区。1997年10月下旬，中国香港的货币联系汇率制受到投机者的阻击，香港股市随后暴跌。整个亚洲地区陷入重重困境。

外国债务人，尤其是美国和日本银行，拒绝向韩国金融机构进一步提供贷款，差点引发银行挤兑，同时也导致韩元贬值25%以上。韩国政府被迫调用其有限的外汇储备来帮助韩国金融机构偿还短期债务。在此过程中，大部分的国家外汇储备流入了各家韩国银行的海外分行。韩国的可用外汇储备量快速降至危险水平。

1997年度韩元对美元兑汇率

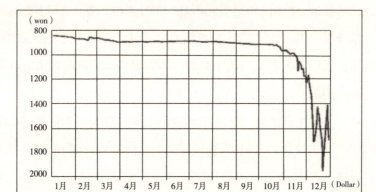

图26　韩元暴跌

　　1997年11月7日，首尔证券交易所股市下跌4%，到11月8日又下挫7%，创下当时单日最大跌幅。随着外国资金加速外逃，11月21日，韩国政府唯有正式向国际货币基金组织求援。11月24日，市场由于对国际货币基金组织所提出的严苛条件担忧，股市再次暴跌7.2%。1997年11月28日，穆迪将韩国的信用评级从A1降至A3，继后又在12月11日下调至B2。

　　韩国所面临的是，由金融业和非金融业财务中的债务到期日、货币及资本结构的严重错配所引发的流动性危机。要解决这个危机，硬通货储备的快速注入，比其他任何措施都更为重要。然而，国际货币基金组织和韩国政府在1997年12月3日达成的协议却并非如此。国际货币基金组织及其他国际金融机构共同向韩国提供总金额584亿美元的救援资金，但附带非常严苛的条件。其中的234亿美元留作第二道防线，只有当第一笔350亿美元不足以应对危机时，"七国集团"才会向韩国提供第二笔救援金。而350亿美元不是一次性发放，要在2年多的时间里分批提供给韩国，到2000年才全部付清。每一批救援金的金额，要视韩国在结构改革和进一步收紧货币及财政政策方面所取得的进展而定。

　　值得注意的是，韩国在1997年12月3日与国际货币基金组织达成协议之后，只能提用56亿美元的资金，到12月18日才再增加35亿美元。也就是说，韩国在15天内仅能取得91亿美元的援助而已。

外国银行认为国际货币基金组织的这些援助，对于韩国的短期债务缺口来说只是杯水车薪。贷款展期的请求纷纷被这些银行拒绝，韩国有限的外汇储备被迅速耗尽。12月18日，韩国中央银行依据其对随后12天内的外汇资金流入量，以及当时的外汇储备余额和同期的外汇流出量，作了预测并编写内部备忘录。备忘录指出，外汇储备余额，预计在12月31日从负6亿美元，转为正9亿美元。

外国债权人于是进一步加快从韩国撤出资金的步伐，在初步协议签署后不到2个星期的时间内，便把韩国推到了主权违约的边缘。12月19日，应韩国政府的请求，美国政府说服国际货币基金组织迅速与韩国展开新一轮谈判，提前兑现纾困资金，并对"七国集团"的金融机构施加影响，要求各国将韩国的短期债务到期日延后一个月。作为回报，韩国政府和外国银行于1998年1月28日达成一项协议，同意在1998年3月18日前完成韩国近95%的短期债务的重组。在债务重组期间，外国银行收取极高的利率，比当时5.66%的6个月伦敦银行同业拆息利率（LIBOR）高出2.25%—2.75%不等。

随着贷款成功转仓和展期，当局也开始实施金融和企业改革计划，市场对韩国的看法有了显著的改善。美元韩元汇率在1997年12月24日创下1美元兑1965韩元的历史最高点，继而于1998年1月下降到1美元兑1600韩元至1美元兑1800韩元区间，到3月底达到1美元兑1400韩元，最后在1998年年底稳定在 1 美元兑 1200 韩元左右。

面对亚洲金融风暴，韩国在两个方面的表现非常值得称颂。

首先，国家经济重建的速度。政府很快便开始着手实施危机后的经济和金融改革。尽管初期经济急剧放缓，有许多企业破产倒闭，但在随后的 10 年间，韩国成功地将人均国民生产总值增至原来的 3 倍（以美元计算）。韩国一举成为同地区金融业实力最雄厚的国家之一。其经济变得更自由开放，监管变得更为缜密严格。2003 年在过度借贷的信用卡借款人之间爆发的危机，对更广泛的金融体系几乎没有产生什么传染效应。经此一役，韩国经济变得更加透明、灵活，利率更低，外汇储备已大幅上升。

其次，韩国人展现了对国家的共同使命感。他们众志成城，愿意牺牲个人的享受来帮助国家摆脱危机。韩国人的自我牺牲让韩国在短短 3 年内便提前还清了国际货币基金组织的贷款。

韩国人贯彻落实了国际货币基金组织提出的极其严格的紧缩措施，他们把这段艰辛的岁月归咎于国际货币基金组织，称之为"IMF 危机"。国际货币基金组织的改革方案对韩国而言是一种耻辱。许多韩国人认为这场危机的始作俑者是外国投机者、外国贷款人和国际货币基金组织。在他们眼中，外国投机者压低了韩元的价值，外国贷款人迫不及待地要求他们偿还债务，国际货币基金组织则毫不关心那些破产倒闭的企业、失去工作和被这场突如其来的灾难打碎梦想的工人。在可怕的经济困境中，一些绝望的家庭把孩子留在孤儿院，这些孩子被称为"IMF孤儿"。国际货币基金组织的缩写"IMF"在韩国成为国家经历不幸的象征。"IMF"成了韩语词汇中的一个新词，被该国媒体讽刺地用作"我被炒鱿鱼了"（I'm Fired）的首字母缩写。

图27　韩国人在抗议国际货币基金组织

韩国人认定了经济态势会在出现转机之前变得更糟糕，在韩国政府承诺进行严厉的经济改革之前，他们已经有此打算。根据政府、企业界、工会三方达成的共识，公司的裁员权力被编入了《劳动基准法》（Labour Standard Law）。170万韩国人在重新调整劳动力市场期间失去了工作，有幸保住饭碗的人不得不接受工作时间加倍的工作条件。他们节衣缩食，束紧腰带过日子。面对这种境况，政府员工同意捐出其薪资的10%来成立一个基金，为失业人员提供补助。

这种共患难的意识，尤其在韩国人踊跃捐献黄金首饰的举动中可见一斑。从1998年1月起，政府开始呼吁人民捐出自己的黄金首饰，以帮助国家尽快偿清贷款。数以百万计的民众响应号召，赶到指定地点捐献出自己的祖传首饰、结婚戒指，或者按照韩国传统习俗在小孩一周岁时赠送的金饰物。运动员们也献出了金质奖章和奖杯。

当年的女大学生，现任德国波恩大学韩语学客座教授的宋淑京（Kyoung Sung-Suk）回忆当时的情况说："这些物品都带有美好的回忆，非常珍贵。我的父母也捐献了我一周岁时获赠的金首饰。"❶

图28　韩国的家庭主妇们自发参加黄金捐献运动

像许多其他韩国妇女一样，崔光子（Choi Gwang-Ja）为了帮助国家经济摆脱金融危机，也捐出了她的黄金首饰：

"即使是现在，每当想起那些忍心放弃的首饰和美好

❶ "韩国黄金捐赠运动——希腊效仿的楷模？"（Koreans' gold donations-a model for Greeks?），2015年4月2日，http://www.dw.com/

的回忆，我还是会感到非常痛心，热泪盈眶。每一件首饰的背后都有一个故事，如我的婚戒、我丈夫的婚戒、女儿出生时收到的戒指。"她说道，"但在当时，这是我们唯一能为国家做到的事，大家都说国家要破产了。"❶

韩国的黄金收集行动，成为世界各地许多外国媒体报道的焦点。这一行动的结果是韩国人给全世界留下了难忘的印象。据《韩国民族日报》报道，短短数月内，国家收集了共227吨黄金，相当于每个韩国成年国民捐出了1/4盎司黄金，总价值超过30亿美元！

---

❶ "欧元区国家可向韩国借鉴的经验教训"，（*What Eurozone countries can learn from South Korea*），2012年7月9日，英国广播公司新闻（BBC News）首尔报道。

12.大战对冲基金

1997年是被历史所铭记的一年，英国在这一年正式将香港主权交还给中华人民共和国。交接仪式在细雨蒙蒙的1997年6月30日晚间开始，到7月1日结束，通过电视向全世界转播。英国的查尔斯王子（Prince Charles）以"中国的大外卖"（The Great Chinese Takeaway）为题，在他的日志里写下了香港回归的记述❶。

就在这一年，中国香港也与对冲基金和投机者进行了一场史诗般的货币保卫战。

自1983年10月以来，在中英两国围绕香港的前途问题进行了艰辛的谈判期间，引发了大量资本外流，香港因而要实施7.8港元兑1美元的固定汇率。当时，市场对香港经济的信心急速滑落。这种情绪导致港元大幅贬值，在两天内便暴跌了13%，

---

❶ "Takeaway"一词语带双关，字面意思是"外卖"，实指"拿走"。

港元兑美元跌至9.6港元兑1美元的历史低点。忧心忡忡的香港市民开始抢购杂货和食品，甚至连卫生纸都成为恐慌性抢购的目标。1983年10月15日，香港政府宣布采纳景顺投资公司（Invesco Asset Management）经济学家约翰·格林伍德（John Greenwood）在其为《亚洲货币监察者》（*Asian Monetary Monitor*）撰写的文章中所提出的建议，实施港元与美元挂钩。货币挂钩制度把港元与美元的汇率锁定，让港元稳定了下来。

但是，由于香港的通胀率明显高于美国，挂钩制度在1997年10月承受了巨大的投机压力。量子基金、老虎基金、欧米伽基金等对冲基金，经过前期从货币市场购入巨量港元，于1997年10月对港元展开猛烈攻势。这些基金率先悄悄地买进了大量恒生指数期货空仓盘，再向银行和证券公司借取股票；然后，它们开始做空股票市场，并大肆散播谣言，称随着所有亚洲国家的货币开始贬值，为了保持香港的竞争力，香港特区政府将别无选择，只能允许货币贬值。这些举动令民众和外国真正的投资者陷入了恐慌的情绪。

大众投资者，包括投资基金在内，看到其他亚洲国家的金融市场崩溃后，开始感到不安，并逐步出货，从而造成了股市崩盘。1997年10月20—23日，恒生指数下跌23%。香港股市看来即将步亚洲邻国的后尘，港元开始感受到强烈的卖空活动，立即加剧了港元货币市场的压力。1997年10月23日，在投机性攻击最激烈的时刻，隔夜港元借入息率被推高至250%。

3个月香港银行同业拆息利率（HIBOR）持续在37%的水平，而6个月港元贷款利率维持在33%的水平。

图29　港元承受巨大投机压力

对冲基金找准这时机拆借货币市场中的港元，利用利率差异，获得巨额利润。当香港特区政府正忙于捍卫港元挂钩制度时，对冲基金对恒生指数期货的空仓平仓，再从股市回购卖空的股票，通过这种操作赚取暴利，在金融市场留下了一个大洞给香港特区政府去填补。

香港金融管理局（简称"金管局"）的实质功能是香港的中央银行，为保卫本地货币，投入了10多亿美元的资金。香港拥有超过800亿美元的外汇储备，相当于M1货币供给量的700%，M3货币供给量的45%，金管局完全有能力来维持挂钩制度。

　　金管局为了加强维持港元与美元挂钩的能力，一方面提高监管银行港元运作的效率；另一方面继续在股市、金融期货和货币市场操作，保卫联系汇率。但这一政策却持续不断地招来了对冲基金的疯狂攻击。在1998年6月至8月，对冲基金通过做空恒生指数期货从挂钩货币制度中获利，愈加凸显出这个漏洞。对冲基金在每一次的攻击中，都能轻易地通过玩弄同一个把戏来谋利，金管局对其无可奈何。

　　1998年7月底至8月初，日本方面公布的经济数据低于预期。日元遭到了外汇投机者的猛烈攻击，汇率从135日元兑1美元下滑至147日元兑1美元。对冲基金嗅到了打破港元挂钩制度的绝佳机会。在这一轮的攻势中，对冲基金集结了所有的火力，包括小型和大型对冲基金、共同基金和一些大型外国银行的力量。它们开始在货币市场大举借入港元，以8%—10%的利率吸入约1000亿港元；随后，在恒生期货指数达到8500点附近时开始卖空恒指期货；接着，又向外国股票持有人和证券公司借入汇丰控股、香港电讯等大蓝筹股的股票。

　　1998年8月初，世纪之战拉开帷幕。对冲基金开始利用日元疲软大肆散布人民币要贬值的谣言。它们先压低了人民币黑市的汇率，营造出人民币马上要贬值的气氛，随后开始狙击港元：第一步，在外汇市场抛售港元；第二步，设法把恒生期货指数压低到7500点水平；第三步，散布谣言说香港特区政府很快便会放弃港元挂钩制度。通常情况下，这种三管齐下的攻击会在股市上造成恐慌，导致市场利率飙升。

金管局在当时的财政司司长曾荫权的领导下，决定在此时对投机者进行反击。首先，金管局利用其美元储备从外汇市场买入约350亿港元。这样做既稳定了港元的汇率，又间接向货币市场注入了港元，从而防止了市场上出现港元短缺的情况，达到了缓和利率的效果。

面对货币市场上发生的变化，对冲基金开始利用媒体和评级机构散布有关于香港经济恶化和货币不可避免要脱钩的谣言。股市继续承受紧张局势的压力。1998年8月13日，恒生指数跌至新低，收市报价6660点。对冲基金认为，虽然在外汇和货币市场上发大财的打算可能会落空，但仍然可以继续在卖空股票和期货指数中赚取暴利。它们相信恒生指数在未来数天内会跌至目标水平5500点，巨额利润看来已是他们的囊中物。但它们不知道，此时香港特区政府已经着手策划进行第二波反击。

8月14日，香港特区政府进入股市和期市开始全面干预，在股市大举吸纳汇丰、香港电讯等蓝筹股。为了不让对冲基金提前得到消息，政府通过英国、中国、中国香港等地的券商买入股票，营造出是一般投资基金吸纳股票的假象。这一天，香港特区政府动用了约40亿美元资金，使那一天的恒生指数到收盘时反弹了574点。这一做法让对冲基金防不胜防，而且香港特区政府等到收市后才将动手干预的消息公之于众。大部分对冲基金仍持有空仓，不得不追加恒生指数期货的保证金。

2008年8月16日，索罗斯鉴于形势对其不利，决定编造负面消息，拉低市场。他借机宣称，俄罗斯将贬值卢布以拯救其经济。8月17日，美欧股市对索罗斯的建议作出反应，全面大跌。这一日恰好是香港的公众假期，令其逃过一劫。在对冲基金的原来预期中，继欧美股市大跌，恒生指数在8月18日开盘后可能会下跌1000点。然而，令他们大失所望的是，香港特区政府当日继续干预市场，恒生指数收市仅微跌13点。

在接下来的6天里，对冲基金和香港特区政府之间的对战一直没有停歇。对冲基金持续做空市场，香港特区政府继续大量吸纳。与此同时，对冲基金利用媒体抹黑港元挂钩制度。香港特区政府以其人之道还治其人之身，借本地媒体和券商之口，称香港已经准备好了10000亿港元（由中国政府的外汇储备在背后支持）来打击投机者。随后，港府要求可信赖的基金管理公司不要再把股票借给对冲基金来做空，并邀本地大亨们联手买入股票。战事非常激烈，市场持续地上下波动。

对冲基金和香港特区政府都清楚，决定鹿死谁手的最后一场战役，将在8月恒生指数期货合约到期日打响。到那一天，大多数期货合约需要平仓、转仓或套现。为了做好迎接最后一战的准备，香港特区政府开始在恒生期货指数中进行价差交易（spread trades）。港府大量买入8月合约，再于9月全部卖出，这一举动拉开了两个月合约之间的价差，使9月合约的价格远远低于8月合约。这是为了拉高对冲基金对淡仓进行转仓的成本，迫使它们在8月平仓。结果，大多数规模较小的对冲基金别无他法，只能平仓离场。这时候，还坚持在战场上的只剩下了量子基金、老虎基金、欧米伽基金等大规模对冲基金。

8月27日，对冲基金发动了另一轮攻击。它们在股市上总共抛售了200亿港元；同日，量子基金的首席投资策略师扬言："港府必败，对冲基金从未遇过打不赢的仗。"对冲基金希望利用媒体的力量营造声势，吸引其他投机者在次日加入战局。

8月28日，决战之日，胜败在此一役。双方都预备了大量的"弹药"，定要把对手彻底消灭。这一日的全天成交额，达到创历史纪录的790亿港币（约合10亿美元），约为平常每日平均交易额的15倍。

恒生指数收市7829点，全天仅下跌1.18%，高于政府于8月14日入市进行大规模干预时的6600点。《香港虎报》称当天为"决胜日"（D-Day）。

8月28日战役结束后，曾荫权向新闻界说："我们挫败了他们对冲基金的计划。他们仍然是一个威慑，不能够低估他们不会卷土重来。但我们想要告诉他们，港府是不会袖手旁观的。"[1]他并承诺香港特区政府会进一步采取措施，完善法规条例，保卫领土，抵御投机者们的攻击。

在这场金融战中，香港特区政府投入了香港的960亿美元

---

[1] "香港击退经济衰退和投机者"（Hong Kong battles recession and speculators），1998年8月28日，英国广播公司新闻（BBC News）。

储备金中的100亿美元，换得各大型上市公司总值1200亿港元（150亿美元）的股票，成为当中一些公司的最大股东，如持有汇丰控股10%的股份。

这场胜利的代价巨大，也是亚洲金融风暴中对抗对冲基金和投机者战争的转折点。香港特区政府成功实现了以下的目标：

☆通过行动（包括8月进行的交易和现行市价的未平仓合约）获得约16亿港元的收益。

☆大量持有9月恒生期货指数短期合约，可用于在对冲基金反扑时阻止期货指数的下跌。

☆持有大量的汇丰控股和香港电讯的股票，成为多只其他蓝筹股的第二大股东，为对冲基金意图借入股票做空市场设下了重重障碍。

☆成功抵御住股市崩溃，从而防止了第三季度经济的急剧下滑。

对冲基金的无敌神话被打破了。他们虽然败退，但是实际上的经济损失并不算严重。他们在恒生指数8000—8500点时，已将大部分的淡仓结算，与之前攻击带来的损失相互抵消后，他们实际上仍然有一定的获利。

战役虽告一段落，但若言战争终结还是为时尚早。香港是世界上闻名遐迩的金融自由港，一贯以来采取不积极干预的政策，但香港特区政府用购买蓝筹股的手段来维稳市场的举动，被个别外国交易商视为"香港的重新国有化"。这个行为受到了西方国际投资者的强烈批评，他们认为香港背离了自由市场的哲学。在国际社会，所罗门美邦公司的分析师邓毅梁（Anil Daswani）在政府入市干预后不久评论道："香港作为世界领先的自由市场的声誉已经荡然无存。"

8月29日，《南华早报》在其社论中评论说："也许曾荫权赢得了历史上一次极出色的投资阻击……但是，我们更关切的是他接下来要做什么……在过去的两个交易日里，政府几乎成为市场上的唯一买家……世界各地的投资基金纷纷售出手上的港股，他们认为现时的股市稳定性是不能持续的，当政府不再吸纳后，股价势必会下跌。"

香港联交所前主席郑维健在8月26日的《南华早报》经济版致编辑的一封公开信中，驳斥了那些抨击香港特区政府干预市场的言论。他指出："在美国和其他地方引入反垄断法的人士认为，一个国家为了保护市场，使其免受到少数强大市场参与者的奴役控制，进行有力的干预不仅是合理的，而且是必要的……现时，香港特区政府对股市进行干预的对错与否，要看这个干预是否成功实现了其目标。以背离自由市场哲学为理由而进行谴责，根本是站不住脚的。"

数年后，索罗斯在接受中央电视台的采访时赞扬香港的反击，"他们表现相当出色，切切实实地保卫住港元，值得高度赞扬。我发动的阻击未能成功。"他说道，"我并不觉得内疚……这件事无关对错。大家可能不太理解，我只不过是按照一般惯

用的规则在金融市场做了一次炒作而已。"❶

在2007年接受《第一财经日报》的采访时，索罗斯基金管理公司前总裁罗德尼·琼斯（Rodney Jones）承认："香港特区政府的干预，在市场接近完全崩溃时提高了公众对市场的信心。它阻止了更大危机的发生，挽救了市场。"❷

然而，香港特区政府进行的大规模股票购买，在接下来的几个月里造成了市场流动性滞后的情况。于1998年由香港特区政府成立的外汇基金投资有限公司，就如何有条不紊地处置所持有的大量港股，向金融界人士征询意见。研究了若干建议后，香港特区政府选择了交易所交易基金（ETF）这种对市场造成最少干扰的中性解决方案。

外汇基金投资有限公司跟着发出征求建议书，邀请托管银行担任ETF的受托人和托管人。我当时正在纽约银行任职，和几个在美国对营运SPDR交易所交易基金富有经验的同事合力编写建议方案，并参与之后的评选过程。最终，道富环球投资管理亚洲有限公司的一站式解决方案胜出，由其担任基金管理人，道富银行担任受托人和托管人。1999年11月，外汇基金投资有限公司的香港盈富基金正式推出，香港及亚洲的第一只公开交易的ETF由此诞生。

---

❶ "索罗斯对香港阻止其美元攻势表示赞扬"（Soros praises HK for blocking his Dollar 'attacks'），2009年6月16日，《南华早报》（South China Morning Post）。

❷ "索罗斯公司高管后悔阻击港元"（Soros manager regret's attack on HK Dollar），2007年7月5日，《第一财经日报》（China Business News）。

图30　香港盈富基金广告

后来，香港特区政府卖出了所持有的股票，获得近300亿港元（40亿美元）的盈利。

13.资本管制

1997年7月，在泰铢贬值后的几天里，国际投机者，尤其是索罗斯的量子基金和其他对冲基金，已部署针对马来西亚的林吉特（Ringgit）货币进行大肆炒作。他们再三地在离岸市场借入林吉特，然后大举抛出，造成了货币大幅贬值。更严重的是，他们也开始动手做空马来西亚的股市。

马来西亚的中央银行马来西亚国家银行（Bank Negara Malaysia）想通过积极干预外汇市场，奋力一搏。为了提高货币借入成本，隔夜利率从8%以下被上调至40%以上。可是，市场并没有随之反弹，高利率反而引发了经济衰退。在12个月内，林吉特对美元的价值损失了约1/3，从而导致投资信用评级下调及股市和货币市场上的普遍抛售现象。

1997年9月，世界银行论坛在中国香港举行，当时的马来西亚总理马哈迪·穆罕默德（Mahathir Mohammad）在会上说：

"所有这些亚洲国家辛勤地付出了40年的光景在经济建设上，但索罗斯这批无赖却持着大笔热钱来摧毁了我们的努力成果。" ❶

图31　索罗斯在世界经济论坛上发言

　　索罗斯对插手林吉特贬值一事予以否认。他在自己的演讲中指出，在林吉特崩溃期间，是他的基金在买入马来西亚货币，缓冲了跌势。他声称，马哈迪其实是把自己所犯错误以他作为替罪羊。

　　到1997年年底，马来西亚的国家信用等级已经从投资级别下调至垃圾级别，吉隆坡证券交易所（Kuala Lumpur Securities-Exchange，KLSE）的指数从1200点滑落至600点，下跌超过50%，林吉特贬值50%，从2.50林吉特兑1美元以上水平跌至1998年1月23日的不足4.57林吉特兑1美元。显然，一系列措施并未起到作用。

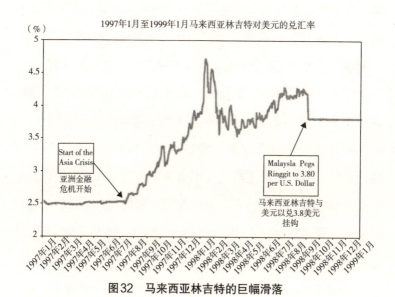

图32　马来西亚林吉特的巨幅滑落

　　绝望的处境需要决绝的措施。1998年1月，国家经济行动理事会（National Economic Action Committee，NEAC）成立，在实施纾困措施方面，其行政权力不受繁文缛节限制，凌驾于所有部委之上。国家经济行动理事会多个月来一直秘密地部署资本管制，但马来西亚国家银行却对此唱反调，认为其他采取资本管制的国家在之后都面临在国际市场上筹集资金的困难，不得不支付高昂的融资成本。国家经济行动理事会的一些成员也感到该提案的支持度很低，很难实现。

　　马来西亚进行资本管制的大旗手是财政部部长诺尔·穆罕默德·雅各布（Nor Mohamed Yakcop）。他曾在马来西亚国家银行掌管过外汇交易。1992年，欧洲金融危机爆发，他错估形势，认为英镑会升值，于是指挥马来西亚国家银行大举买入英镑，最终导致银行损失了超过300亿林吉特。在同一战役中，索罗斯则因为通过做空英镑，击溃英格兰银行而一战成名。

资本管制的想法，是马哈迪在出访阿根廷时萌发的。他听取了诺尔·穆罕默德·雅各布关于外汇市场内部运作的意见，然后要求诺尔·穆罕默德·雅各布设计出国家的资本管制政策。于是，后者逐段逐行地仔细阅读整个国际收支报表，找出了所有潜在资本流出马来西亚的漏洞。阿根廷和其他拉丁美洲国家都是资本管制的老手，他们有很多行之有效的手段可以随手借鉴。

1998年9月1日，在亚洲金融危机摧毁了多个国家1年多之后，马哈迪宣布了一系列旨在稳定林吉特价格和控制资本流动的举措，包括：

　　☆本国旅客出境时只准携带1000林吉特。

　　☆居民向海外汇款的上限限定为10000林吉特。

　　☆将林吉特对美元的汇率固定为3.80林吉特兑1美元，以促进国内贸易。

　　☆马来西亚境外的所有林吉特均不再是合法货币。

　　☆所有海外信贷业务须提前申请批准，仅允许向赚取外汇的公司提供离岸信贷业务。

　　☆通过出售股票或其他投资形式筹得的资金，需要在国内停留12个月。

　　☆吉隆坡证券交易所（KLSE）的上市股票，必须由吉隆坡证券交易所或经其认可的交易所进行结算。

　　☆宣布面值500林吉特和1000林吉特的纸币不属于合法货币，以防止有人向邻国走私林吉特。

　　☆宣布在新加坡自动撮合国际股市（Central Limit Order Book，CLOB）的马来西亚上市股票交易是非法的，以阻止资金流入新加坡，防止利用2个交易所之间的同一股票交易套利。

　　这些措施旨在摧毁被视为投机资金和国内利率上行压力来源的离岸林吉特市场。新措施要求所有离岸林吉特必须在一个月内撤回马来西亚。一个月过后，只有马来西亚国内的林吉特才属于合法货币。此外，新措施还禁止马来西亚人向外国人借出林吉特。这些监管措施彻底地废除了林吉特离岸市场。正如诺尔·穆罕默德·雅各布所说："与其阻止投资者借取林吉特，执行禁止林吉特持有人向投机者提供借款相对容易多了。"

　　《商业周刊》（*Business Week*）把这些举措比喻为捕捉蟑螂器——"钱可以进来，但不能走出去。"❶马哈迪是一名训练经年的医学博士，有丰富的专业知识，深明在临床切除癌细胞之前，先要切断病细胞的血液和氧气供应。资本管制的方法同出一辙。

---

　　❶ "资本管制：救生索还是绞索"？（Capital controls：Lifeline or Noose?）1998年月28日，《商业周刊》（*Business Week*）。

金融业对这些管制措施戏称是"罗惹"（rojak），马来语的意思是"奇怪的大杂烩"，讽喻实施起来很复杂，杂乱无章。

对托管业，这是个噩梦：我们一夜间要为成百上千的客户办理林吉特出入境许可证。然而，资本管制表格和用于跟踪林吉特流动情况的其他表格非常混乱。举例来说，通过出售股票和其他投资手段进行融资的一个条件，是所筹资金必须在国内停留至少12个月。规定没有明确说明常住居民和本国国民是否同样需要办理许可证，情况一时变得极为混乱。为了维护马来西亚政府的信誉，国家经济行动理事会很快成立了沟通小组来处理这些问题，向各行各业和公众解释疑问。于是，资本管制措施摸着石头过河地一步一步落实了下来。

但噩梦不止于此，马来政府宣布 CLOB 股票交易为非法交易，有如惊雷砸在大家头上。1990年，马来西亚和新加坡的交易所分家。自此之后，新加坡建立了马来西亚公司股票的场外交易市场。多年后，这个场外交易市场已经发展成为新加坡和外国投资者投资马来西亚股票的主要渠道。根据资本管制措施的规定，所有 CLOB 投资者的账户被冻结，且不会有任何索赔。据估算，约有价值47.7亿美元的股票遭冻结，影响到17.2万名投资者，当中90%是新加坡人。据计算，平均每位 CLOB 投资者被冻结了25000美元资金。可见这些股票的买家不是小鱼小虾，但是面对马来政府的雷霆一击，他们毫无反抗能力。《经济学人》（The Economist）杂志在1999年7月的一篇文章中，将其行为描述为"在光天化日之下的抢掠行径"。

新马两国的市场监管部门之间展开了一场极不客气的口水战。马来西亚央行称，在亚洲金融危机期间，CLOB股票充当了做空马来西亚市场的工具。马来西亚方认为，新加坡当局对于这些针对马来西亚市场的破坏性行动选择了袖手旁观，没有采取任何阻止措施。之后，这场口水战的焦点又蔓延到了CLOB市场的合法性上。吉隆坡证交所指出CLOB市场是由新加坡联合交易所（Stock Exchange of Singapore，SES）为创造收入而单方面创立的，从未得到过马来西亚当局的认可，其本质上是一个未获得授权的马来西亚股票市场。

许多CLOB投资者在马来西亚宣布资本管制措施后抛售了所持的股票。其中，有24000名投资者将手上的马来西亚股票尽数清仓，对他们造成了不小的经济损失。我也在马来西亚股票的个人投资上损失了几千新币。

直到2000年年初，两家交易所才制订出一项计划，把CLOB投资者从苦痛中解救出来，给予两个平仓的选择方案。但无论选哪一个方案，都需要用10个月的时间分批地放出CLOB的股票。

在实施管制措施后，马来西亚被踢出了在摩根士丹利资本国际新兴市场指数。马哈迪受到了国际评论家和全球投资界的严厉批评。但是，也有一些著名的经济学家对其充满争议的措施表示了支持。例如，来自麻省理工学院的保罗·克鲁格曼（Paul Krugman）认为，亚洲国家应当考虑采取资本管制措施，避免国家经济遭到更剧烈的动荡。

资本管制使马来西亚的经济逐渐稳定下来，汇率趋于稳定，林吉特离岸市场不复存在。从新加坡和其他离岸市场强制撤回的资金为贷款业务注入了活力。马来西亚因这些回流的资金可以降低利率，有效地刺激了消费和商业活动。金融业的大规模重组和外汇储备的积累，足以满足超过8个月的进口储备需求，让马来西亚有更多余力去好好地应对财政紧急情况。

危机尘埃落定后，马来西亚政府逐步取消了危机期间实行的交易管制及其他管控措施，包括在2005年7月放弃林吉特与美元挂钩，实行类似于新币的管理浮动汇率制度。

马哈迪拯救了国家，让马来西亚避过了亚洲金融危机的残酷蹂躏；同时，他拒绝了国际货币基金组织的救援，维护了国家货币和国家经济的独立性，因而马来西亚的国力未像其他东南亚经济体一样因社会陷入严重混乱而被削弱。这一切为马哈迪赢得了国内一片赞扬之声。此外，随着时间的过去，他在国际上也得到了平反。

附录：马来西亚资本管制大事年表

1997年7月2日　　泰国决定实行浮动汇率制。

1997年7月10日　　马来西亚国家银行动手干预外汇市场，保卫林吉特。

1997年8月13日	马哈迪对肆无忌惮的投机者发动攻击，剑指索罗斯。
1997年8月27日	马哈迪指定100个指数股票，停止卖空活动。
1997年9月4日	林吉特继续暴跌。
1997年9月20日	马哈迪在香港宣称，货币炒作交易是不道德的，应该被叫停。
1997年9月21日	索罗斯反指马哈迪是"其自己国家的威胁"。
1997年10月2日	马哈迪和诺尔·穆罕默德·雅各布出访阿根廷，并最终敲定实行资本管制。
1997年12月5日	安瓦尔·易卜拉欣(Anwar Ibrahim)开始在马来西亚实施严厉的市场管控措施。
1998年1月7日	国家经济行动理事会成立。
1998年2月16日	国家银行将银行的法定储备金率(SRR)从13.5%下调至10%，提高了银行的货币流动性。
1998年5月20日	亚洲货币持续暴跌。
1998年6月20日	成立国家资产管理公司(Danaharta)，负责处理不良贷款。
1998年8月10日	成立国家资产基金(Danamodal)，负责调整银行业的资产结构。
1998年8月16日	吉隆坡综合指数跌至最低点260点。
1998年9月1日	开始实施资本管制。

[资料来源："亚洲金融危机的启示：马来西亚的资本管制措施是否可以复制？"(*Asian Financial Crisis Lessons*：*Can Malaysia's Capital-controls be Copied*？) 作者：Sam CheeKong]

14. "千年虫"

2000年伊始，全世界到处都是庆祝新千禧年来临的盛况。然而，也有很多人视它为灾难日——这一切源于多年前计算机问世时所埋下的程序隐患。

"千年虫"（Y2K）问题的出现，是由于之前的计算机软件在计算机代码时，仅留出两个日期字段来表示年份。为了节省昂贵的数据存储硬件的容量，在编写程式时，大多数日期会自动默认前两位数字为"19"，仅写上后两位数字。例如，1977年和1988年是"77"和"88"。

虽然有技术专家早10多年前已经提出了这个问题，但是各机构直到20世纪90年代末才开始着手更新软件。

1998年，"千年虫"这个词汇首次出现刊登于《时代周刊》上的一篇解释"千年虫"问题的文章中。该文章说："造成千禧年危机的程序缺陷，原因相当简单。现在证实这是当时的人一时偷懒走捷径而留下来的荒谬后果，许多系统程序员只使用两个数字来表示日期的年份。例如，将1998年6月15日写为06/15/98，而不是06/15/1998。于是，麻烦出现了。当计算机的时钟走到2000年时，数学计算就会发生错乱。根据日期计算的公式，如2000-1997=3，会变成00-97=-97。于是，有些计算机会马上出错，连带导致其他与其连接的计算机也不能正常计算。”

据计算机专家所言，“千年虫”问题会像传染病一样传播开去。数百万行旧代码内的错误信息，将会被传送给数百万行新代码。有些错误信息会来自机构本身内部的计算机代码，有些会来自机构外部数以千百计的供应商和合作伙伴。

我们在日常生活中有许多方面依赖计算机，如果不能解决“千年虫”的问题，那么从2000年1月1日开始，人们将面临一系列严重的因计算机问题带来的不便。当错乱程度导致计算机无法保持正常运行时，计算机会自行关机；机场、交通灯、电网、微波炉、电视等靠计算机维持运作的系统和设备，也全都会受到“千年虫”的影响。

对“千年虫”的担忧，挑动了大众的恐慌神经。《时代周刊》甚至在其1999年1月刊的封面上，直接用“世界末日?!”这个标题来表达对这个问题的惶恐。

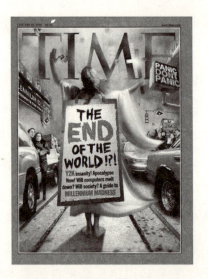

图33　"千年虫"：世界末日来了

　　"千年虫"对托管业务是一个潜在的极端风险。1998年，托管机构开始修复企业内部系统的"千年虫"问题。从1999年开始至2000年前夕，它们全力投入软件与供应商、客户及其他方之间的互动效果测试。据报道，主要的托管机构在化解"千年虫"问题上，投入了高达9500万至1亿美元的预算。但是，即使花了这么多的钱，业界也不敢肯定说一定能够在最后限期之前根除这个问题。

　　解决问题的难点，在于大型托管机构通常有超过600家的供应商，超过3000种产品；另外，在各个国家有90多家次托管银行。检测和监控来自每一家供应商和次托管银行的信息，是一项工作量巨大且复杂的工程。

"千年虫"对托管机构和基金管理公司，都是一个很大的威胁。企业的软件系统可能会被"千年虫"损毁，导致企业无法营业。如果软件程序设计未在2000年前得到妥善纠正，那么托管机构和基金管理公司可能会面临既无法处理共同基金的申购和清算，也无法向客户发送报表的问题。他们面对着双重的危险：必须解决自己公司本身的问题，同时还须监控与其有业务往来的第三方托管银行的问题。

与此同时，投资者也在积极地监督其所持有基金的管理公司，是否已采取了必要的措施，能够使基金持有人不会被"千年虫"引发的股票下跌所影响。另外，若一旦出现基金持有人大量赎回资金，会迫使投资经理大量抛售股票，从而引发股灾。

尽管许多共同基金专家认为不会有大批基金持有人做出这种非理性的行为，但大多数基金管理公司也已经做好了信贷安排，以应对股票赎回和股市暴跌，并已准备好在年终时提取贷款。

在企业公关方面，许多公司毫不避谈其有关"千年虫"所做的准备工作，还在公司网站上公布其应变计划的细节。当然，也有公司不愿意谈及这个话题，害怕万一透露了不应外泄的信息，会被别有用心的人拿来攻击公司。

事实上，并不是所有公司都竭尽所能来对抗"千年虫"。证券交易委员会要求美国证券行业的所有从业公司上报其针对"千年虫"问题的准备情况，并对漠视上报要求或迟交报告的投资顾问、转让代理及经纪交易商采取行动。

　　"千年虫"问题发生时，正值亚洲面对金融危机之际。亚洲的机构基本上没有受到其政府监管机构的太多压力，不必像美国上市公司，必须披露其"千年虫"应变计划。亚洲各国对"千年虫"问题所做的准备，也有很大的差异。基金经理的看法是亚洲各国的情况非常复杂：在一些国家，公司发生临时停电等问题是很平常的事，一点都无须感到惊讶。其中，中国内地的环境最恶劣，中国香港特区和新加坡的问题最少。

　　邓普顿资产管理公司的马克·墨比尔斯（Mark Mobius）认为：新兴市场国家对于那些在美国被视为是危机的情况，已经习以为常。例如，断电是常有的事，这些国家早就做好了充分的准备，完全能够有条不紊地解决问题。❶

　　即使如此，邓普顿公司还是采取了额外的预防措施。公司要求投资者不要在千禧年之前赎回或转换基金。此外，由于2000年2月29日这一闰年日期也可能会引发混乱，在此日期之前，该公司不会在亚洲发售任何新基金。

　　在1999年的最后几个月里，为了做好应对"千年虫"问题的准备，各大金融机构都加大力度，全力投入准备工作。"全球2000年问题协调小组"（The Global 2000 Coordinating Group），是一个由53个国家的240多家机构组成的业界组织，担负起了确保全球金融体系做好应变准备的责任。该组织敦促各国对本国针对金融部门及电信、电力、供水、管理等方面的基础设施

---

　　❶ "各大基金蓄势以待千禧年宛若世界末日"（*Funds Prepare for Y2K Like There's No Tomorrow*），1999年9月7日，《华尔街日报》。

服务提供商所做的准备工作进行评估，并颁布了一系列关于应急规划和测试活动的指导方针。

托管业2000年问题督导委员会（The Custody 2000 Steering Committee），是全球2000年问题协调小组属下的一个非正式工作小组，由38家世界上规模最大的全球托管机构、投资银行、次托管机构及国际托管机构组成。其职责是提供一个统一的模拟测试环境，以确保次托管机构做好应对"千年虫"问题的准备工作。

世界各地的金融监管机构成立了2000年问题联合委员会，以便共享监督策略、方法及应变计划。同时，该委员会也是国家和国际补救措施的联络点。

1999年3月，在美国证券业协会（Securities Industry Association，SIA）的鼎力协调下，代表了美国98%证券交易基础设施从业者的400多个组织和5000多人，包括各大券商、经销商、托管机构、证券交易所、清算和结算机构、供应商及新闻业者，进行了一个全行业的"千年虫"问题测试。

尽管花费了大量的时间和资源，但业界对于这能否确定一切会操作正常，抱非常审慎的态度。"我们希望现在所做的工作，能确保所有投资者在1月3日正常进行交易，"来自证券业协会的玛格丽特·德雷珀（Margaret Draper）说，"我们没有限定合规的定义，也没有实行审批制度。但我可以说，他们参与了一个非常全面的测试计划。"❶

---

❶ "纽约证交所紧锣密鼓迎战千年虫"（*Y2K-NY Stock Exchange Girds for Possible Trouble*），1999年5月12日，路透社（*Reuters*）。

总部位于巴黎的国际证券交易所联合会（Federation of International Stock Exchanges，FIBV），是包括全球54家最重要的证券交易所和几乎所有全球股票市场的组织，它表示不会对成员发布有关"千年虫"的健康证明。

国际证券交易所联合会副秘书长托马斯·克兰茨（Thomas Krantz）说："成员机构采取的内部措施是独立的测试，但交易所和外界有着千丝万缕的联系，不可能独善其身。"❶

国际数据公司（International Data Corporation，IDC）的报告估计，全球的所有行业大约花费了3080亿美元（近一半用在美国）来升级计算机和应用程序，使其可以应对千禧年以后的应用要求。

图34 防"千年虫"合规标志

1999年12月31日，全世界屏住了呼吸——但最终一切如常，什么事情都没有发生。

---

❶ "纽约证交所紧锣密鼓迎战千年虫"（*Y2K-NY Stock Exchange Girds for Possible Trouble*），1999年5月12日，路透社（*Reuters*）。

2000年1月1日和平日并无不同，全世界都没有收到重大故障的报告。

一位在纽约的计算机分析师回忆说："我们坐在数据中心吃着千层面和通心粉，看着时间一分一秒地过去。""千年虫"事件便这般悄无声息、虎头蛇尾地结束了。❶

CNN报道称："零时一到，1999年无声无息地走进了历史。有些地方遇到了个别的小问题，灾难性的故障却没有发生。原本预测应当会有一场危机席卷各行业，但2000年1月1日的太阳缓缓升起后，大家并没有遇到任何危机降临。"❷

大家在千禧年日期变更之前，做了那么多的准备工作和程序更新，旨在把灾难挡在门外，绝对成功了。全世界只发生了几宗微不足道的"千年虫"故障。

意大利、俄罗斯、韩国等国家几乎没有为千禧年做任何准备。他们面对的"千年虫"技术问题，不比美国等国家少，但后者却为此花费了数百万美元。

大家放下了压在心头的大石头后，随之迎来的是一轮谴责。大家认为"千年虫"问题的严重性，压根儿从一开始就被夸大了。

---

❶ "千年虫：机遇、灾难、疯狂"（*Y2K: The good, the bad and the crazy*），2009年12月28日，《计算机世界》（*Computing World*）。

❷ "恐吓还是炒作？千禧年来临世界在颤抖"（*Horror or Hype?Y2K Arrives and World Trembles*），1999年12月31日，CNN。

　　那些致力于解决"千年虫"问题的科技人士，坚持威胁是真实存在的。他们认为计算机系统得以延续操作无误，证明了他们的共同努力取得了胜利。

　　"千年虫"问题，是否只是千禧年的一场骗局呢？

15.科网泡沫

今天，我们已经很难在没有互联网的情况下维系我们的日常生活。事实上，从购物、人际沟通、接收新闻到听音乐，互联网在很多方面改变了我们的生活。

互联网也改变了商业发展的模式。许多成熟的企业和初创企业已经通过互联网创造了一桶一桶的财富，于是更多的企业希望效仿这种盈利模式。

互联网的雏形诞生于1969年，由政府机构创建，初始用于向不同地点的计算机传送科学和军事信息。到20世纪90年代中期，互联网已经演变为发送电子邮件、使用聊天室和浏览网站的平台。

美国在线（America On line）的成立，将互联网大幅度普及化。1994年，雅虎（Yahoo）的搜索引擎和门户网站，提供了网站目录平台；亚马逊（Amazon）成为第一个在线图书零售店和在线拍卖网站。

互联网令人类在历史上第一次可以通过数字网络，以光速共享大量的信息。从企业到政府，各个组织机构纷纷涌入利用互联网力量的大军中。大家看到了网络在大众传播领域所拥有的前所未有的巨大潜力。互联网使用量的增长，预示着一个未开发市场的形成，而且这个新市场是联通着全世界的。

万维网改变了商业、通信、工作环境的巨大潜力，很快便得到了社会各界的广泛认可。互联网商业掀起了一股热潮，令人憧憬在线商务的美好未来。科技初创企业争分夺秒地建立基础设施，打响品牌，以便架构起大规模、大范围的数字网络，迎接数百万、数十亿的潜在客户。

"联网""新范式""信息技术""互联网消费者导向""量身定制的网络体验"等新流行术语，以及许多无意义的双关语占据了媒体版面。

许多互联网公司，即"网络公司"（dot-coms），如雨后春笋般涌现。投资者们认为，只要是经营在线业务的公司，必将拥有数百万元的身值。不论是个人还是大型企业，互联网创业者都梦想着成为互联网百万富翁或亿万富翁。

当然有些创业家拥有真正切实可行的商业计划，又具备必要的经营能力，但大部分人其实缺少这些成功条件。网络的新颖概念和互联网的无限潜力，令投资者仍愿意为其投资。

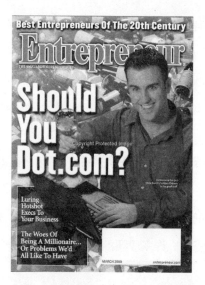

图35　《创业家》杂志科网主题封面

　　网络公司的上市势头汹汹，公开募股（IPO）频频，掀动的热潮席卷全世界。投资者盲目地抓住每一只新股，对其经营计划、公司需要多久才能开始盈利等问题毫不关心。许多这类公司的商业模式，侧重点是在积极地吸引注意力、占有率和计算眼球数量（eyeballs，即浏览网页的人数），期望能迅速建立品牌，日后从提供的服务中获取盈利，纵使长期净亏损也在所不惜。

　　根据网络公司的理论，互联网公司的生存，在于尽快地扩展客户群，即使这会产生巨额年损。例如，谷歌（Google）和亚马逊在先前几年的经营中，也没有获得任何利润。亚马逊把钱花在提高能见度和扩大客户群上，谷歌的重点则是提供更大的设备容量，借此服务不断扩展范围的搜索引擎。"变大或者失败"（Get large or get lost）是当时的流行智慧。

在亏损期间，公司没有任何收入来源，仅凭风险资本和首发股票所募集的资金来支付开销。一家公司寿命的长短是以燃烧率来衡量的，即一家不盈利的公司耗尽资产所需的时间。

这种理论听起来可能有些荒谬可笑，然而在世界各地，有成千上万的投资者都信奉这一套。这些网络公司股票的新鲜感和公司价值的难以正常估计，令它们从风险投资机构及其他机构投资者筹集到大量资金。许多股票的价格，被推上了令人瞠目结舌的高度。

部分网络公司及其创始人从中获得了巨额财富。科技股持续飙升，刺激了更多的科技公司上市。许多早期的科技公司股东，包括公司员工，在公司上市时一夜间都变成了百万富翁。科技公司支付给员工的是股票期权，只要股票保持强劲的上升势头，员工就能获得可观的利润。

1996—2000年，纳斯达克股指从600点攀升到5000点。在低利率环境下，许多普通人都拿出现金去投资这些网络股。大量的资金追逐新颖、煽动人心的投资机会。许多人甚至辞掉工作去专职炒股。

1999年，仅在美国就有457家公司上市发售股票，其中大部分是互联网和科技相关的公司。在这457只股票中，就有117只的价格在第一个交易日便翻了一倍。

尽管许多网络公司的经营者连大学都没念完，但并不妨碍他们开创建立市值百万美元的企业。在泡沫的高峰期，据说在硅谷每60秒便会诞生一位新的百万富翁。甚至一些科技公司的秘书也拥有价值数百万的期权，更有公司将宝马汽车作为新员工的签约奖金！

一些分析家开始预言，全球已经进入一个几乎不存在通货膨胀的新经济时代，经济衰退已经成为历史陈迹。根据这个逻辑，旧经济代表的是传统的实体，包括自然资源、零售商店等业务。一些分析师甚至认为，对科技和互联网相关股票的分析和投资，不必考虑企业的收益和其他财务数据。有些企业发现，只要简单地在公司名称的前面加上"e-"，或在后面加上".com"，就能让股票的价格水涨船高。

亚洲地区也陷入了互联网热潮。除了在纳斯达克股市上大量撒钱购入科技股的投资者外，中国香港、新加坡、中国台湾、韩国、日本、澳大利亚等地也涌现出了一批一批的亚洲网络公司。这些公司大多抄袭硅谷企业的商业模式。

1999年，中国香港有30多家网络公司上市，多家旧经济公司通过投资互联网资产或进行反向收购，以网络公司的新姿态获得了新生。

由香港大亨李嘉诚的儿子李泽楷创立的电讯盈科有限公司（PCCW），就是其中一家科技创业公司。在网络鼎盛时期，电讯盈科的股价在2000年上涨到每股131.75港元的高位，总市值达到410亿港元。公司与中国银行、巴克莱银行、法国巴黎银行及汇丰银行达成银团贷款协议，利用贷款从事杠杆融资交易，完成了当时亚洲规模最大的企业并购。2000年8月，电讯盈科以3000亿港元的价格买下了英国大东电报局旗下的香港电讯。时至今日，电讯盈科已是香港最大的综合通讯公司，但在当时，这家公司仅是一家刚刚成立了10个月的互联网投资公司。在完成收购前，其2000年的预估亏损可能会达成5.24亿港元。

图36　位于香港铜锣湾的电讯盈科大厦

这个标志性的收购案经历了相当多的曲折。最初，英国大东电报局也考虑新加坡电信，这家公司的主席是新加坡"创国之父"李光耀的儿子、现任总理李显龙的弟弟李显扬。李显扬雄心勃勃，背后有媒体大亨鲁伯特·默多克（Rupert Murdoch）的支持。但是，让一家新加坡公司掌管中国香港最大的电话网络系统，一直在香港本地备受争议。最终，电讯盈科打败竞争对手，成为最后赢家。

收购案结束后，电讯盈科于2002年8月9日将其英文名从"Pacific Century Cyberworks Limited"，改成了"PCCW Limited"。据李泽楷表示，电讯盈科对其未来的定位是成为世界上最大的宽带服务提供商。他预期未来的计算机用户将可通过卫星接收电视节目和互联网服务。

在互联网繁荣时期，一些旧经济公司也宣布进入互联网业务，好让企业再生，继而推高股价。例如，房地产开发公司明珠兴业集团把公司名称更改为"明珠兴业网络力量"，并宣布进军互联网服务、网络股票交易、电信服务等领域。在招待会上，该公司的主席和执行官脱下西装和领带，穿上了运动衫和牛仔裤，向与会者展示了公司重塑后在网络领域的前景。类似这种的企业演示讲解活动，每周都络绎不绝地上演。

每当有一家公司胜出，伴随着的必然有成百上千家其他公司的没落。大量互联网公司的商业计划其实大同小异，都是通过网络效应来垄断业务。显然，即使计划再好，每个行业板块都只会有一两个胜出者，因此大部分有着相同商业计划的公司将会失败。

2000 年初，现实开始崩塌。投资者意识到网络梦已经发展为典型的投资泡沫。2000 年 3 月 10 日，科网泡沫达到最高点，纳斯达克股指攀升到 5048.62 点。接着，大量思科（Cisco）、戴尔（Dell）等主要科技股的卖单，碰巧在 3 月 13 日星期一同时进行处理，引发了抛售的连锁反应。在数月内，纳斯达克股指从 5000 点跌至 2000 点。像 Pet.com 这种曾经拥有数十亿美元市值的公司股票，消失的速度跟其出现时一样快。

在中国香港，电讯盈科的市值在 2001 年 4 月大幅萎缩 85%，从 640 亿港元缩减至 86 亿港元。此外，由于企业负债高达 42 亿港元，公司股票的活力不在，股价开始暴跌，最终跌破发行价。到 2003 年，电讯盈科的股价已经跌去 95%，从 2000 年的高点每股 28.50 港元下跌至 0.88 港元。

随着股市价值狂跌万亿，全球出现了恐慌性抛售。到 2002 年，纳斯达克股指已跌至 800 点。互联网股票的崩溃在 2000 至 2002 年期间重创了投资者，亏损市值高达 5 万亿美元，令人心寒。与此同时，许多会计丑闻浮出水面，包括世界通讯（WorldCom）等科技公司的虚报巨额利润事件。

2000 年到 2005 年间，许多以互联网为基础的初创企业、通信企业和科技公司，或股票价值大跌，或破产倒闭。数以万计的科技人员失去了工作，如果他们还持有科技股投资的话，他们的毕生积蓄也将损失了。硅谷的高科技人才受到的冲击尤为严重。当中有 32% 的人是在国外出生的，且大部分来自亚洲。

美国经济在科网泡沫后出现了衰退，为了给经济止血，美联储被迫从2001年开始多次降息。事实证明，新经济的理论是错误的，传统经济的原则仍将继续生存下去。

在科网泡沫期间，沃伦·巴菲特（Warren Buffett）曾警告说，科技股投资者获得的巨额回报已经让他们的自信过度膨胀，变得自大。他指出，在这种亢奋的状态下："平时理性的人的行为都会变得像灰姑娘在舞会上一样……其实他们也知道狂欢过后，一切东西终将变回南瓜和老鼠（打回原形）。"❶

科网泡沫中也出现了浴火的凤凰，有些科技公司切切实实地改变了游戏规则，如谷歌、亚马逊、易贝（eBay）、优兔（YouTube）、脸书（Facebook）、维基百科（Wikipedia）、推特（Twitter）。在今日，这些公司已经与我们每一个人的生活密切联系在一起。

当下世界经济正处于另一个科技业急速发展的时代，2000年科网泡沫爆破的阴影再次笼罩在我们头上。2014年9月，阿里巴巴在纽约证券交易所上市，以250亿美元的融资额创造了IPO历史。优步（Uber）、空中食宿（AirBnB）这类公司属于私营初创公司，各公司市值均在10亿美元以上。但这些电子商务公司的商业计划都十分清晰。真正令人担忧的是当下对金融科技的狂热。许多金融科技企业根本没有明确的商业计划，它们仅凭打破常规的新颖概念便已吸引了数以亿计的风险

---

❶ "沃伦·巴菲特：我早已有言在先"（*Warren Buffet: I told you so*），2001年3月13日，BBC新闻。

资金。

我们是否正在重历科网泡沫的2.0版或3.0版呢？

或者，是否正如许多分析家所说："这一次会不同于以往？"

16. "9·11" 恐怖袭击

2001年9月11日星期二，在中国香港是如常的一天。我结束有关中国发行第一只开放式基金的电话会议后，便离开办公室到中环接太太下班，在晚上8点半左右坐出租车回家。在回家的路上，我的手机开始接收到芝加哥同事的多封电子邮件，告知纽约出事了，但不能确定到底发生了什么事。

我回到家打开电视机，电视重复地播放着两座世贸中心大楼被美国联合航空公司的飞机撞击，燃起熊熊大火的画面。可怕的事情真的发生了，是恐怖袭击！

即使在多年后的今天，世界各地依然会不时地播放这些画面，提醒我们要牢记这宗可怕的事件。

在世纪交替之际，"9·11事件"无疑给美国乃至全世界的社会、经济和政治带来了深远的影响。

图37 世界贸易中心的熊熊大火

世贸中心和附近基础设施的毁坏崩塌，给下曼哈顿地区的经济造成了灾难性的破坏，对全球金融市场产生了重大影响。华尔街因此而关闭了6天，直到9月17日才重新开市。这一事件重创了全球的银行业。

对托管机构来说，这是一段令整个行业谦卑的经历，考验了我们是否有能力在遭遇到"黑天鹅事件"后维持正常运营。

美国金融市场大部分证券与现金的处理和交收，是仅由几家托管银行包办的。大家之前没有怀疑过这些银行具有应对极端情况的业务延续能力。但"9·11事件"显示，托管银行可能是全球金融服务业的致命弱点。

在世贸中心内，有数家在金融市场举足轻重的批发经纪商和大型交易商的总部，它们都因为这次事件而暂停营运。另外，如知名金融服务商坎托-菲茨杰拉德（Cantor Fitzgerald）的大部分员工在这次事件中遇难，公司遭到了毁灭性的打击。坐落在世贸中心附近的多家支付服务提供商，它们的通信网络和主要营运设施被大火及碎片残骸摧毁。下曼哈顿金融区的大部分供电、电信及运输基础设施被水破坏。在世贸中心附近工作的人，在发生袭击后要立刻撤出所在建筑物。

纽约银行（Bank of New York）所处的位置，正好与这次灾难事发中心毗邻。

9月11日之前，纽约银行的主要业务点集中在下曼哈顿地区，包括：

　　☆华尔街（Wall Street）1号——银行总部。

　　☆老斯利浦街（Old Slip Street）32号——外汇、证券借贷、资金管理业务部。

　　☆巴克莱街（Barclay Street）101号——基金转让、股票转让、存托凭证、企业信托、证券交易业务部。

　　☆教堂街（Church Street）100号——基金会计、共同基金托管业务部。

这4个地点都与世贸中心极为接近。❶

在发生9月11日世贸中心遭恐袭后，纽约银行紧急疏散了在这4个营业点工作的8300名员工，并启动了紧急应变计划。

───────────

❶ "纽约梅隆银行与'9·11事件'的影响"（*The Bank of New York Mellonand the Impact of September11, 2001*），保罗·博达尔（Paul Bodart）2011年3月的演讲，维基百科。

巴克莱街101号和教堂街100号离世贸中心最近，因而受到的影响也最大。这些员工不得不被安置到新泽西州的恢复中心和纽约其他地区的工作地点。同时，银行总部也从华尔街1号迁移到了第六大道1290号。

然而，通信中断导致了恢复营运延误，员工前往恢复中心也出现了非常大的困难。纽约银行与客户连接的关键性系统，如政府证券结算系统和抵押品管理系统，都出现了中断；它与美联储和中央存托公司（Depository Trust Company）之间的通信中断；它的不同营业点之间的系统连接也中断了。

纽约银行在9月11日遇到的业务处理中断和通信中断问题，导致许多银行、投资管理人、经纪商、金融服务公司等无法在当日确定交易状态，交易对手方因此也无法支付交易结算的现金。

结果，当天中央结算出现了严重的收支不平衡现象，尤其是政府证券的交易。当天，通过美国联邦资金转账系统（Fedwire）处理的交易总值，比8月的平均水平降低了24%。由于收支不平衡太过严重，金融机构在应对运营困难或调动其他流动资金的能力，受到了严重的冲击。

金融服务行业之间的相互关联性，以及托管银行处于金融系统联结网络的核心，在此次事件中显现无遗。美联储迅速开启了供借贷的贴现窗口，并通过公开市场操作向市场注入了巨额流动资金，维持市场的正常运转。

美国联邦资金转账系统和纽约清算所银行同业支付系统

（CHIPS）的主要营运地点不在纽约市中心，因此在9月11日当日及其后几天内的运作未受到影响。美国政府证券的清算和结算系统由于纽约银行的业务中断而步步维艰，但是政府证券的交易最终在9月13日成功恢复。商业票据的赎回和转仓暂时性中断，不过9月11日之前的股票交易已全部处理完成并顺利结算。9月17日，当美国的各大证券交易所重新开市时，支付和证券结算系统成功处理了纽约证券交易所历史上的单日最大交易量。

"9·11事件"让托管银行和金融业的营运应急计划，接受了前所未有的检验与挑战，需要在一段较长的时期内维持应急运作。从灾难中汲取的经验，启发了许多新的想法和操作模式，改变了今天金融业确保业务连续性的做法，保障金融体系操作的稳定性。

从纽约银行的案例中得到的经验教训之一，是将数据中心分散布置的重要性。

"9·11事件"后，纽约银行并未重建之前所有在市内的营业点。数据中心的旧址位于巴克莱街101号和教堂街100号，之后的重建地点选在曼哈顿中心区，占地120万平方英尺。虽然业务连续性计划的基本结构没有重大变化，但是更改了营业地点，使纽约银行的员工更加分散。

业务连续性模型是另一个需要关注的问题。摩根大通的资金管理业务部的新址选在佛罗里达州坦帕市（Tampa, Florida），占地15万平方英尺，备份设施设在60英里之外的奥兰多市

（Orlando）。❶奥兰多市的设施将成为一个"热站"（hot-site），即备有保障持续运营所需全部设备的灾难恢复站，包括办公室、办公家具、电话、计算机设备等，在平日也有少数员工在正常运作若干活动；遇灾难发生时，主要业务点的有关员工到位后马上可以投入运营。这有别于一般设立的"冷站"：只设置办公地点，灾难发生时需要花一段较长时间才能启用系统及重新上载数据。

"9·11事件"也反映出备份设施选址困难的问题。备份设施必须设置在距离足够远并连接到不同电网的地点，不会受到同一自然灾害（如地震、飓风、洪水等）影响的地方；但又不能过远，要确保有关人员能在灾难发生后能迅速抵达。"9·11事件"发生之前，谁也没想到整个纽约市会被封锁，员工整天都没法离开纽约市前往设于新泽西州（New Jersey）和布鲁克林区（Brooklyn）的备份工作站。

北美信托因其芝加哥和伦敦营运中心使用同一平台，在"9·11事件"期间，这两个分处不同国家地点的营运中心，成为彼此的备份。"9·11事件"之后，北美信托再进一步优化营运中心跨国备份应急计划，而不是在同一市内或同一国家的不同地点建立昂贵的热站，但有关员工却不一定可以前往使用。

此外，"9·11事件"恐怖袭击显示，员工在各自的家里工作可能是最适合托管机构的最佳备份方案。因为在灾难发生期间，员工们最想留在自己的家里。北美信托与应用服务器和门

---

❶ "业务连续性规划与托管银行"（BCP & the Custodian Bank），2002年7月1日，wallstreetandtech.com。

户产品供应商思杰系统公司（Citrix）合作开发了一种虚拟专用网络（VPN）。员工们可以在家中通过这种专用网络，安全地进入及使用银行的应用程式系统。

灾难也突出了电信在业务连续性规划中的重要作用。世贸中心附近的许多公司都遇到了该地区电信交换站毁坏的情况。为了充分地保障运营安全，不少公司与多家电信服务商签订了协议，但是"9·11事件"期间，他们发现各家电信公司使用的竟然是同一组线路，未能发挥备份功能。只有所有关键性电路都有完整的端到端线路，才能使这些公司能够根据实际情况，迅速采取应变措施。

制订业务连续性计划，最重要的一个方面就是要让技术负责人、业务负责人及应急规划负责人进行协作，共同研究需要采取哪些措施，应变危机期间可能发生的事态，哪些措施在技术上可行。业务连续性计划的制订，已经不再是一项由营运部门单独可以完成的任务。

另一个关键方面是将计划就各种各样的情景进行测试，以确保计划能够发挥效用。当真正灾难在现实中发生时，不会有进行慢慢对话的时间，负责人必须调动团队，争分夺秒，立即开始执行计划。

最后，"9·11事件"证实，业务连续性计划及其执行程序的测试，需要包括企业内部各种业务的相互依赖性（如现金支付、托管、货币市场融资、交易、信托证券发行和支付等职能），以及与外部机构的依赖性和联系。除了运营和安全方面的决策外，如在危机期间有任何客户和交易对手的财务状况无法确定，金融机构还需要对这些客户和交易对手的信贷和市场风险，迅速作出判断。

自2001年以来，成熟金融中心（如伦敦、新加坡）的监管机构，每年都会对金融业相关机构及其客户或交易对手的连续性计划，进行全行业的协调测试。这已经成为行业惯例。

在有关"9·11事件"的许多审查报告中，国际货币基金组织的一份刊物有这样的评论："应急规划在准备防御'千年虫'问题期间，取得了很大的进步。'千年虫'的应变规划让高级管理层和董事会也参与，要求企业所有的管理者一起考虑如何在'千年虫'引发故障后继续维持企业运作，而不是把事情推给营运或科技部门单独处理。联邦银行监管机构指出，针对'千年虫'问题所制订的详细应急计划，规定了各主要业务在维持过程中的最低程度运作生产量和所需的支援服务。他们还指出，运营的模拟故障和情景设想，不仅有助于对运营中断时做出响应所需的时间减少，也有助于完善决策和内部沟通……"❶

如果金融业未有在之前几年投资数千万美元实施"千年虫"的应变计划，"9·11事件"对业界所产生的打击是否更加严重呢？

---

❶ "'9·11事件'与美国支付系统"（*September11 and the U.S.Payment System*），2002年3月，《金融与发展》（*Finance & Development*）（国际货币基金组织季刊）。

17.第一只开放基金

　　2001年的世界大事，最为人铭记的是全球科网泡沫的爆破和美国的"9·11"恐怖袭击。

　　2001年对于中国来说，除了经过了15年谈判后成功加入世界贸易组织外，也是基金管理行业的一个新时代的开展。

　　我们现在认识的中国资本市场，26年前才刚开始，比许多其他亚洲国家还要迟。1990年11月26日，上海证券交易所中断运营了41年后重新复业，于12月19日开始操作。开业的第一年，只有15家企业在联交所上市挂牌，总市值为109亿人民币。

　　10年后，中国投资者对于股票的投资已经接受了。到2000年，上海交易所的总市值跃升至47740亿元人民币，有接近1100家公司在上海和深圳交易所上市。它的总市值虽然只有东京证券交易所的18.27%，比中国香港还要低，但已经超越了中国台湾以及韩国和新加坡。

中国基金管理行业，由1997年11月14日发布的"证券投资基金管理暂行办法"后正式开始。次年3月27日，中国南方基金管理和国泰基金管理，推出了首2只封闭式基金，每只的资产值上限为200亿人民币。到2000年6月，基金管理行业已发展到有10家基金管理公司和22只封闭式基金，管理的总资产规模合共505亿人民币。上交所基金指数于同年推出，追踪交易所上市封闭式基金的表现，反映中国证券投资基金市场的不断增长变化。

与此同时，中国的国内生产总值每年增长两位数。根据国际货币组织（IMF）的数据，2000年中国的人均国内生产总值为951美元，比10年前增长近3倍。全国总储蓄是国内生产总值的37.3%，相当于4509亿美元（约合6万亿元人民币），其中2/3是家庭储蓄。推出开放式基金，由基金专业人士管理，将广大民众的储蓄转化为投资，时机已经成熟，也可以增加国内股市的流动性。

2000年10月，中国证券监督管理委员会（中国证监会）发布"开放式基金暂行办法"，允许开放式基金的设立，每只基金规定至少有100名投资者和2亿元人民币的规模。此外，它还规定开放式基金的认购费（前端佣金）为买价的5%，赎回费为卖价的3%。

这个推新的举措，令整个市场亢奋。

　　然而，中国证监会担心国内的基金管理公司和托管银行，未有充足的专业知识和经验管理这些主要针对散户投资者的基金。最后它提出了一个办法：国内基金管理公司需要有一个外国的合作伙伴作为技术顾问，来管理这些开放式基金。同样地，托管银行需要找一个"享誉世界"的外国托管银行，为这些基金的行政管理提供咨询。这一条件将是评估投资经理或托管人的综合能力的重要考虑因素。于是，这引发了国内基金管理公司和托管银行寻找"战略联盟"的热潮。

　　在接下来的几个月，中国和外国的托管银行缔结了多对的快速联盟，《亚洲养老金》杂志称之为"权宜婚姻"（marriages of convenience）包括：

　　　　☆中国农业银行与纽约银行。
　　　　☆中国银行与德意志银行。
　　　　☆中国交通银行与摩根大通银行。
　　　　☆中国建设银行与摩根大通银行。
　　　　☆中国工商银行与道富银行。

　　我当时主管北美信托的亚太区业务，其中一个目标是先打稳新加坡和中国香港的驻足点后，再发展中国市场。在此之前，北美信托与中国的机构从没有正式交往，在中国市场完全没有知名度。国内的托管银行所追求的是与外国知名的品牌签订合作联盟，北美信托并不在它们寻找对象的清单上。

终于，机会来了。通过介绍，我于 2000 年 10 月在上海与中国交通银行（交行）资产托管部总经理谢红兵会晤。交通银行于 2 个月前与摩根大通签署了一份托管业务合作谅解备忘录（MOU），但几个星期后，摩根大通与中国建设银行也签署了类似的谅解备忘录。这个投机的做法，自然令交通银行感到不高兴。

我跟谢总的会晤、讨论，非常坦率开放。谢总说得很清楚，他们想找一家有诚意的合作伙伴，指导和协助交通银行建立在中国的托管业务。像其他的托管银行一样，交通银行一直在与基金管理公司商讨合作，筹备推出开放式基金。于 1998 年由上海投资信托与 4 家证券公司合资成立的华安基金管理公司，是它们的对象客户。摩根富林明资产管理是华安筹备开放式基金的技术顾问。交通银行需要伙伴的协助，尽快建立自己的专业技术能力。

我们随后又积极进行了几次深入的交流和讨论，进度良好。相对于其他竞争对手，北美信托及交通银行两家银行的规模都较小，对抓住在中国市场的新商机，更为积极。两家银行的文化都非常踏实，互相之间的合作，以平等伙伴的态度相待，具高度的兼容性。

2001 年 5 月，谢总和他部门的两名高级成员，跟我前往芝加哥考察一星期，更深入地了解关于托管和基金行政管理的运作，以及北美信托的业务管理。我们个人之间的相互了解得到了深化，双方机构间的合作也得到了强化。考察回国后，交通银行全速推动开放式基金项目的筹备工作。我们再派员到国内为交通银行的团队提供了一系列有关技术支援的培训，协助他们向中国证监会申请的准备工作，制定处理和管理开放式基金的运作流程。

图38 北美信托银行机构业务总裁彼得·罗斯特（Peter Rossiter）先生
与交通银行副行长李军签署合作协议

华安的"创新投资基金"终于成为领跑者，在6家基金管理公司的申请个案中突围而出，获得证监会的批准，发行首只开放式基金。该基金将投资于使用创新技术和管理的中国公司，资产配置是A股80％，国内债券20％。基金规模上限为50亿元人民币，同时出售给中国的零售及机构投资者认购——60％个人，40％机构。交通银行将会是基金托管人。

在筹备该基金的推出的倒数日子里，交通银行的团队夜以继日地专注制定操作流程和程序，并测试系统。但是，还有一个关键问题必须解决：如何管理销售过程和基金认购？

在中国股市发展的初期，许多民众会天真地憧憬股票价格上涨的前景，以为证券投资是迅速致富的契机。许多股票的首次公开发行吸引了成千上万的广大民众，在全国各地的银行分行认购。因为一些人群在排队过程中的不文明行为，甚至导致小型骚乱的发生。所以，最大的挑战并不是担心华安基金无人问津，而是国内投资者对股市的情绪高涨，将会有多倍超额认购，并且吸引数十亿元人民币的资金投进。研究如何应对预期的巨大认购需求，保证基金有秩序地售出，并不会对社会的稳定引发潜在的损害，这才是至关重要的。

各种不同的方案，包括抽奖，都被提出来讨论，确保找到最好和最公平的分配方法，以应付预期的超额认购，而不会引发社会的不稳定。各方与中国证监会经过多次协商，最终的决定是基金仍然会直接出售，但只会在13个主要城市的139个交通银行网点出售，而不是像以前首次公开发行的股票那样在全国各地销售。对于认购开放式基金的个人投资者门槛，定为10000元人民币，最高限额为300000元人民币。开始3个月内不能赎回。

2001年9月11日——美国世贸易中心遭到恐怖袭击前十

几个小时的亚洲时间——正式启动基金认购。国内投资者蜂拥而至，认购中国有史以来第一只开放式共同基金。分配给散户投资者的30亿元人民币配额，在头2个小时已被抢购了一半左右。

图39　投资者从清晨开始已在交通银行的销售点排队

"每个销售点今天早上2个小时内收到平均超过1 000万元的认购。"中国香港的《南华早报》引述接近华安基金管理的来源报导❶。

《中国新闻社》报道，一名70岁的北京退休人士，从来没有投资过股市，大老远从福州跑来，排队17小时后，成功申购基金。

---

❶ "首支开放式基金大受欢迎"（*First open-ended fund offering popular*），2001年9月11日，《南华早报》（*South China Morning Post*）。

图40　周先生成功购得基金后被媒体围着采访

　　到了中午，90%以上的零售分配额已被认购。所有销售网点都没有发生重大骚乱事故的报告。

　　中国第一只开放式基金诞生了。

18.危疫爆发

这里的情景就好像是从阿尔贝·加缪（Albert Camus）的存在主义小说《鼠疫》中摘取的一个章节。

香港宛若一座鬼城：购物中心、餐馆、电影院内都了无人踪；九龙湾淘大花园的一幢住宅大楼被政府封隔；学校暂时关闭；在街道上来往的人全部戴着手术口罩，小心翼翼地避免与彼此发生近距离接触。若怀疑染上这个未知病毒症状的人，需要被隔离10天进行观察。医院的工作量严重超负荷。整个经济陷入停滞，到处弥漫着恐慌的情绪。

2003年3月，世界卫生组织向全球发出警报，宣布有一种具有传染性和致命性的非典型性肺炎，可能会对全球卫生造成威胁，并将该病命名为严重急性呼吸综合征（中国内地简称"非典"，香港地区简称"沙士"，英文简称"SARS"）。香港地区受到病毒的侵袭，顿时成为一座孤岛。

图41　人们在香港的公众场所佩戴着外科口罩

　　"非典"病毒最早于2002年11月在中国广东省南部爆发。2003年2月，一位感染病毒的内地医生抵达香港，入住九龙京华酒店9楼，把病毒传给了其他同层的16名旅客。随后，这些旅客前往加拿大、新加坡、中国台湾和越南，并把"非典"病毒传播到了这些国家。

　　"非典"对企业是一个严重的威胁，不仅会影响企业的净利润，也会威胁到业务的连续性。

　　在之前的数年，因为预计计算机问题会造成全球性的严重破坏，企业动用了大量的资金和资源来防备深受关注的"千年虫"问题。不久之后，2001年9月11日恐怖袭击的"黑天鹅事件"，又迫使这些企业不得不为这种末日般的灾难做好准备。"非典"病毒的爆发是检验大家应对一项未知的全新测试。所有综合性运营恢复策略都是以人作为关键的构成元素，但"非典"的威胁正是针对每一个人的。

"非典"感染病例飙升，死亡人数开始增加。为了确保公司能够继续经营下去，亚洲各国的跨国公司和本地公司纷纷采取了新的应对措施。

与其他企业一样，银行和托管机构面对的关键挑战是：如何保障员工的健康，同时为有可能发生的业务中断做好准备。以往的业务连续性计划假设的情景是，在发生严重业务中断的情况下，能够调动部分员工到恢复中心去维持企业运作。"非典"的爆发，彻底地打破了这种假设。

北美信托银行当时在中国香港和新加坡各有一家分行，合计共有50多名员工。我们设立了一个小型中央指挥部，由我和其他几位高级管理人员组成。每天早上，我们会根据所掌握的最新疫情，讨论应当采取哪些措施。

"非典"基本上是一种未知的病毒，即使对医疗人员来说，也是完全陌生的。我们只能根据实际情况随机应变，摸着石头过河。我们参照中国香港特别行政区政府和新加坡政府、中国香港金融管理局及新加坡金融管理局的指引，实施了多项措施来保持办公室的卫生环境。

首先，所有员工都必须接种流感疫苗，这不仅是为了个人的保护，也是为了减少假警报的干扰。同时，我们实施了一项强制性的例行程序，所有员工在早上上班前必须自行测量体温，并将其体温登记在一个名册上。任何有流感症状或体温高于正常水平的员工，都会被要求回家自行隔离。

图42　学校上课前先测量体温

　　另外，所有员工须穿着日常便装上班，以方便对衣物进行清洁和消毒。怀孕的员工被要求提前休产假。每个员工获派发手术口罩，在办公室内必须随时佩戴。所有经常被人碰触的物件，如扶手、门把手、升降机按钮、电话等，每小时就要消毒一次。

　　我们又将办公室与主要工作区间分隔的一间小型会议室，指定作为紧急隔离室。如果有任何员工在工作期间出现感染病毒的症状，会被送入这个隔离室。

　　员工尽可能不要与客户或外来人士进行面对面的接触，尽量使用电话、网络或视频会议等电子方式来进行沟通。如需要到国外出差或旅游，特别是去有"非典"疫情的地区，必须预先取得特殊批准。

我们把每天最新的情况和事态发展，都向芝加哥总部汇报。任何疑似病例都须上报给政府有关部门。任何曾与受感染的人有过接触的员工，都必须被送回家。

一些规模较大的银行机构把关键的业务团队一分为二，分派到主要营业点和备份工作点两地，进行分体运营模式。这样，一旦遇到要集体隔离的情况，当中一个未受影响的工作点仍有足够的人手维持正常运营。也有一些组织机构，在疫情爆发期间，将团队的部分员工派驻在海外办公地点工作，以应付不时之需。

北美信托在中国香港和新加坡两个办公室的员工人数相对较少，我们只能冒着风险继续如常运营。中国香港和新加坡办公室之间原本有一份跨境的备份计划，但在这次疫情中完全不能发挥作用，因为中国香港和新加坡两地都同时发生"非典"疫情。我们不得不改为与伦敦和芝加哥的办公室达成运营协议，一旦中国香港或新加坡的办公室停止运作，两地的现金管理、外汇交易、处理和结算等关键活动，将由伦敦和芝加哥的办公室接手。

然而，除了办公室外，从员工离家的那一刻起，在乘坐地铁或公交车时，都可能会受到"非典"病毒的感染。当到达办公室时，他们可能已经受到了病毒感染。

在我们的新加坡办公室，曾发生过一宗疑似病染的虚惊。一名女性员工在工作时突然感到不适，要去看医生。第二天，新闻报道有一名在同一天去同一家诊所看病的病人，被怀疑感染了"非典"病毒，包括医生和护士在内的整个诊所都要被隔离。听到这则新闻，我们都吓坏了。在苦恼我们是否应该进行集体隔离全部在家工作时，得知了那名员工和带菌者其实是在同一天但不同的时间去那间诊所的。两者的看诊时间相差了只有1个多小时。

中国香港和新加坡市场上的手术口罩存货，很快便被抢购一空，这成为另一个令人头痛的问题。可幸的是，作为一家跨国公司的子公司，我们能从芝加哥运来口罩。在这段危机期间，除了得到精神性支持外，这是一个极有实质效用的支持。

我自己这时候刚刚搬到新加坡，担任亚太区的第一把手，但我的家人要暂时留在中国香港，等待两个女儿完成该学期的学业后再搬过来。我到新加坡不久便发生了"非典"疫情，也要以身作则地遵从预防措施。每次从中国香港回到新加坡后，我都要自行隔离10天，才能再回到办公室。不过，自从"9·11事件"后，北美信托采用了支持在家中办公的虚拟专用网络（VPN）技术，这一技术的实施在"非典"疫情下大派用场，尽管有不少精神压力和情绪焦虑，我最终还可以同时应付工作和家庭两方面的责任。

恐慌和不确定的情绪持续蔓延，无论中国香港还是新加坡，每一周都有受"非典"感染的新病例出现。

疫病侵袭本应与经济和政治无关，但世界卫生组织发布警报的时间恰好在2003年伊拉克战争爆发的前几天，"9·11"恐怖袭击的阴云还未散去，在确认疫病本质之前，许多人都在怀疑这是一个生化恐怖攻击。

社会上弥漫着一种莫名的不安全感。"生命是不安全的，世界是不安全的，甚至是我脚下的这片土地，也无法保障是安全的。"一位中国香港本地的顾问评论说，"人们已感到疲惫不堪，非常缺乏安全感。"❶

日子一天一天地过去，"非典"流行疫情慢慢成为大家日常生活的一部分。大家开始适应了新的社交习惯。例如，大众媒体建议大家如何正确地洗手和吐痰；在商务场合将握手改为像日式的弯腰行礼；纸币易手需要接受新的检查方式；天主教神父被禁止提供圣餐葡萄酒及把圣饼放到信徒口中。❷

另一方面，有些富创意的人把口罩个性化，将其变成了一种时尚的表达。市场开始出售印有凯蒂猫（Hello Kitty）或其他卡通人物的口罩。*Elle* 等欧洲市场杂志刊登了一组香港人的照片，佩戴着假冒路易·威登（Louis Vuitton）标志的防护口罩，令法国酩悦·轩尼诗——路易·威登集团（Moët Hennessy Louis Vuitton，LVMH）深感不满。❸

---

❶ "香港与'非典'：一座被围困的城市"（*Hong Kong and SARS：A city under-siege*），2013年2月21日，CNN。

❷ "香港与'非典'：一座被围困的城市"（*Hong Kong and SARS：A city under-siege*），2013年2月21日，CNN。

❸ "'非典'与恐慌造成的经济创伤"（*Economies hurt by SARS and Fear*），2003年4月21日，《纽约时报》。

　　"非典"疫情持续4个多月后，终于在2003年6月23日宣告结束，世界卫生组织将中国香港从受影响国家和地区名单中移除。中国香港共计有1755宗感染病例，死亡数目为300宗。新加坡报告了30多宗死亡病例。总体而言，"非典"病毒扩散到32个国家和地区，累计感染病例8422宗，死亡919宗。

　　"非典"对亚洲地区2003年的宏观经济影响，估计高达1000亿美元。亚洲地区的经济增速因"非典"的爆发而放缓了1—4个百分点。有3个经济领域受到的影响尤为严重，分别是零售消费业、旅游业和转口业务。

　　然而，"非典"也带来了正面的影响。企业因此加强了业务连续性计划的深度，将传染性流行病也纳入规划，并在计划中广泛应用电子通信。除此之外，"非典"的爆发也对互联网的应用，产生了深远的正面影响。

　　"从3月下旬到5月期间，购物、银行业务、新闻、医疗信息、教育等领域的网站访问流量，创下了历史高点。"国际媒体研究公司尼尔森（Neilson）在报告中说，"尽管互联网使用量在'非典'疫情结束后有些微回落，但6月份的数据显示，相较2月份的互联网使用量仍然有明显的增长……毫无疑问，相较于疫情爆发前，'非典'疫情结束后的互联网受众数字，出现了大幅上升。"❶

　　互联网使用量的增加，促进了互联网的投资。在接下来几年里，银行业及其他企业大幅增加了使用互联网。

---

　　❶ "'非典'刺激香港互联网使用量持续增长"（SARS stimulates ongoing growth in Internet Usage in Hong Kong），2003年8月1日，intelligentasia.com。

19.社会保障制度

在20世纪90年代末，亚洲地区的经济增长开始从两位数下滑。随之而来的一个必须面对的事实是：如何应对人口老龄化的问题，大多数国家尚未建立健全的养老金制度来补充传统的养老机制。

因此，在接下来的10年里，养老金改革迫在眉睫。

除了调整现有的结构外，许多国家计划采用世界银行在1994年发表的《扭转老年危机：保障老人及促进增长的政策》（*Averting the Old-Age Crisis: Policies to Protect the Old and Promote Growth*）报告中提出的3条支柱保障模式，制定出可持续、合理和覆盖范围广泛的养老金制度，即：

☆第一支柱：建立由国家运营的标准养老金制度，提供基础保障，侧重于减少老年人的贫穷问题。

　　☆第二支柱：建立由受益者和雇主供款的积累养老金制度，包括养老金固定收益计划和养老金固定供款计划。

　　☆第三支柱：建立自愿性私人养老金账户，包括个人储蓄计划保险等。

　　亚洲各国和地区在千禧年之后的10年里，实施了一系列关键性的养老措施：

　　☆中国香港：强制性公积金（2000年）。

　　☆中国内地：全国社会保障基金（2000年）、企业年金计划（2004年）。

　　☆新加坡：退休辅助计划 Supplementary Retirement Scheme（2001年）。

　　☆新西兰：新西兰养老金基金 New Zealand Superannuation Fund（2001年）、KiwiSaver 自愿储蓄计划（2007年）。

　　☆日本：雇员养老金固定收益计划（2001年）、雇员养老金固定供款计划（2002年）、自雇者国民养老基金协会 National Pension Fund Association for the Self-Employed（2004年）。

　　☆印度：新养老金制度固定供款计划（2004年）。

　　☆韩国：雇员退休保障自愿性固定收益计划或固定供款计划（2005年）。

　　☆中国台湾：新劳工退休保障计划固定供款个人退休账户（2005年）。

这10年可以说是亚洲养老金改革的10年。

这些举措，大多数已成为这些国家今天的养老金制度的重要支柱。资金开始流入这些新设立的养老基金，给基金管理公司和托管机构创造了新的商机。总体而言，这些举措为亚洲地区基金管理和托管行业的发展提供了强大的推动力。

在这些众多的举措中，中国对本国的养老金制度进行了最深远的结构性改革。

传统上，中国的退休金由国有企业按现收现付（pay-as-you-go）制处理，由年轻一代供养老一辈。除了医疗保健，国有企业会在员工退休时（男性60岁退休，女性55岁退休）向其支付一笔高额退休金。这是社会主义铁饭碗制度延续下来的福利，是国有企业员工所享有的全包制社会福利的一部分。但这套制度已出现了千疮百孔，优厚的福利难以为继。一旦国有企业失去偿付能力，便会引发社会危机。当国有企业破产时，这种无资金积累的养老金福利的后果不堪想象。

中国一如其他的经济发达国家，难以摆脱人口负增长趋势的出现。20世纪90年代末所做的几项研究清楚地指出，工作人口占总人口的比例预计在2010年达到最高点，然后将稳步下降。年龄中位数将从2005年的32.5岁上升到2050年的48岁。自1979年实施"计划生育"政策以来，中国的很多家庭只有一个孩子。因此，年轻一代的人口不足以直接或间接地通过政府税收或现收现付计划支持老年人的养老需求。"计划生育"政策制造了所谓的"1-2-4"问题，即一个工作的人必须赡养父辈2人和祖辈4人。

图43　中国人口老龄化

中国政府非常认真地处理人口老龄化问题，一方面是为了给国民提供终身保障；另一方面是担心这一问题会造成社会不稳定。

1997年，国务院决定开展全面的社会保障改革，并颁布26号文件，即《国务院关于建立统一的企业职工基本养老保险制度的决定》，提出以多柱式制度取代现收现付制。一个新的社会保障制度就此诞生。整个构思的框架的第一支柱是由政府出资的基础强制性现收现付养老金计划；第二支柱是由强制性雇主和雇员供款的个人账户；第三支柱是由雇主和雇员供款的自愿性账户。

尽管中央政府确定了养老金改革的方向，但需要由省政府、劳动和社会保障局配合落实。转型的成效不一。较富裕的沿海城市和省份在发展第二支柱和第三支柱保障方面取得了较为显著的成绩，而较贫穷的省份由于缺钱，难以实行养老金改革。虽然国家规定为每一个工作的员工开设个人账户，对这些账户每月供款，但退休人员仍然在现收现付制下领取退休金。破产的国有企业根本无力支撑，许多较贫穷的省份把本应存入工人个人账户的资金挪用作为退休人员的一笔性退休金，导致出现了大量的无备资账户。

截至2000年年底，无资金个人账户规模达到了1990亿元人民币（约合243亿美元）。个人账户极大可能将会无法履行其义务。此外，挪用个人账户资金的行为阻碍了建立多柱式社会保障制度的目标，反而削弱了公众对政府决心实施完全积累制养老金计划的信心，打击了他们对新设立的养老金账户缴款的积极性。

为了解决这个问题，中共中央和国务院于2000年8月1日决定成立全国社会保障基金（全国社保基金，National Social Security Fund），同时设立全国社会保障基金理事会（全国社保基金理事会，National Council of Social Security Fund），负责管理运营全国社保基金内的资产。社保基金是一个战略储备基金，是中央政府用来积极支持未来社会保障支出和弥补债务缺口的最后手段。

全国社会保障基金的资产有4个来源：

☆中央财政预算财政拨款。

☆国有企业上市收益。

☆彩票公益金。

☆投资收益。

　　全国社保基金理事会的任务是通过谨慎的管理实现基金资产的增值。随着时间的积累，全国社保基金可能将成为亚洲规模最大的养老基金。据中国政府在2002年时的估算，在未来10年中，全国社保基金理事会将成为一家管理着1200亿美元资金的机构。当年的中国股票市值略高于5000亿美元，在亚洲排名第二。因此，全国社保基金将成为一个重要的机构投资者，并在中国资本市场的发展中发挥关键作用。

　　社保面对的挑战显然是非常艰巨的。这样规模的基金必须有完善的管理，所需的专业知识和经验绝不是当时羽翼还未丰满的中国基金管理行业所具备的。基金管理必须汲取发达国家的经验和知识。于是，全国社保基金理事会决定借鉴中国证监会推出中国开放基金时所采用的做法，向外国专家寻求协助。

　　国际社会机构对于这个吁请的反应非常积极。

　　2001年11月，亚洲开发银行（Asian Development Bank）宣布向中国提供100万美元的技术援助赠款，支持中国的养老金制度改革。其中的40万美元用于聘请顾问，帮助全国社保基金理事会建立资产配置模型，以及为其提供投资指导和挑选投资经理。其余的60万美元用于聘请顾问协助辽宁省实施养老金改革试点方案。

辽宁省处于中国的"铁锈地带",在养老金改革上遇到的困难最多。时任国务院总理朱镕基于1999年视察辽宁省,亲眼看到退休金的债务负担阻碍了国企的重组,于是决定在该省启动试点改革。与以往由地方政府处理养老金改革不同,辽宁试点项目由中央政府直接监督。试点项目的主要特点是将养老资金与个人账户分离。退休人员不再从其原企业领取养老金,而是改为从市社会保障办公室领取。

辽宁省试点项目利用亚洲开发银行提供的技术援助赠款,聘请顾问建立预测模型,不仅让政府能够作充分的财务规划,也巩固了省内社会保障部门的职能,并完善了记账的科技信息系统。

2002年7月,亚洲开发银行宣布由斯图尔特·莱基(Steward Leckie)任职亚太区主管的一家国际管理咨询公司——翰威特咨询公司(Hewitt Consulting)——出任辽宁省试点项目的顾问,另委任加拿大基金管理公司魁北克储蓄投资集团(Caissede Depotet Placement du Quebec)协助全国社保基金理事会。

亚洲开发银行的赠款比较令媒体关注,但有另一家国际机构其实也在低调地为中国新成立的全国社保基金做贡献。2001年年初,我在芝加哥的同事陈金泉留意到世界银行也正在与全国社保基金理事会进行磋商,意欲对其提供技术援助。亚洲开发银行的技术援助项目涉及的是前台职能,世界银行的援助将帮助其建立中后台职能,作为补充。项目将聚焦于全国社保基金的风险控制和管理，协助其制定合适的风险管理程序，进行审慎资产投资。

北美信托银行在美国及其他国家拥有众多养老金客户，积累了多年的专业知识和经验，应该可以对项目做出一定的贡献。陈金泉和我获得当时银行的企业机构服务全球销售总监史蒂文·弗拉德坚（Steven Fradkin）的支持，向世界银行提交方案参与咨询项目的投标。我们两人将担任该项目的首席顾问。

我们原来是参与投标的唯一托管银行，与另一家国际咨询公司共同被全国社保基金理事会甄选为最后面试的两个候选机构。正如魁北克储蓄投资集团赢得了亚洲开发银行的青睐，全国社保基金理事会同样倾向于与拥有丰富实战经验的机构合作。北美信托本身有颇具规模的资金投资业务，另外有众多养老金客户，我们可以与全国社保基金分享很多实战的经验和专业知识。最终，我们被选中了。

图44　法规及监管部主任王文灵（中）领导的全国社保基金团队与北美信托顾问（右三区建华，右二陈金泉）合照

2002年11月，北美信托与世界银行子公司国际金融公司（IFC）签署技术援助项目协议，预计项目需时9个月完成。我们将在国际金融公司的赞助下，帮助全国社保基金理事会确立内部风险管理控制流程和制度，包括资产配置流程、投资管理监控流程、投资业绩评估流程、投资组合风险及收益评估与优化流程。

全国社保基金理事会当时只有30多人，却要管理近1240亿元人民币的资金。组织是新成立的，由前财政部部长项怀诚任理事长，中国证监会前副主席高西庆任副理事长。高级管理层人员来自各行各业，只有少数人出身于银行业和金融业。员工都是在全国千挑万选的精英大学毕业生，通过公开招聘甄选而挑出。在项目进行期间，每次讨论，我们都惊叹于这么多的博士生集聚一堂。组织内洋溢着强烈的使命感，旨在为国家创造用于养老的财富，造福后世。

技术援助项目于2002年12月启动，于2004年5月完成。在此期间，2003年上半年由于"非典"疫情爆发而使旅游受到限制，项目完成时间也因此而延后了8个月。项目分为3个阶段，我们于每个阶段结束时提出建议。在整个项目的3个阶段内，我们提出了共有78项具体建议。其中，14项在2004年4月底之前落实执行，其他59项在接下来的12个月内逐步实施。国际金融公司和全国社保基金理事会对项目的成果和实施建议的实用性，都非常满意。

在进行第一个项目的过程中，全国社保基金理事会已认为有需要进行另一个咨询项目，借鉴其他全球投资机构的最佳做法，为其财会部门制定有关管理外部投资管理人和监管托管机构的政策和程序，并为信息技术部门制订备份和应急计划。国际金融公司同意提供第二笔赠款，于是第二次技术援助在第一项咨询结束后立刻展开，预计于2005年6月完成。我们继续担任第二个项目的顾问。

对我们来说，跨时两年半的两个技术援助项目，是一段难忘的经历。全国社保基金聚集了全国最顶尖、最高学术水平的人才。他们领悟力极强、学识渊博，深谙投资操作和风险管理的理论。我们主要在两个方面创造附加价值，一是引入其他国际机构的实际经验；二是建议全国社保基金的成员怎样将理论转化为实践。

中国政府建立全国社保基金理事会的主要目标，是要专业地管理战略基金，在必要时弥补养老金制度中的预期资金缺口。全国社保基金理事会的成立，为中国的其他养老金管理投资机构树立了典范。

全国社保基金理事会一开始便通过亚洲开发银行和世界银行的技术援助项目，培育了一种强调投资专业素质、能力、纪律和高透明度的文化。这对中国养老金计划管理的发展和资本市场的扩展，产生了重大影响。多年来，全国社保基金理事会的不少投资和风险管理人员转投私营机构出任高管，也把这种文化和纪律带到了保险公司、基金管理公司及其他投资机构。

截至2015年年底，全国社保基金资产总额超过了1.9万亿元人民币（约合2250亿美元），自成立以来实现累计投资收益7.907亿元人民币，年平均投资收益率达8.82%。除了全国社保基金外，全国社保基金理事会还自2006年年底开始，负责管理中央政府向9个试点省份的职工基本养老保险个人账户所提供的补助资金，以及广东（自2012年起）及山东（自2015年起）等省份的职工基本养老保险的部分结余。❶将全国社保基金理事会的投资责任扩大，覆及省市的养老金，正是我们在技术援助项目的其中一个主要建议。

2015年10月，中国的"一孩"政策正式废除，以"两孩"政策取代。

中国的社保制度，稳步发展。

---

❶资料来源：全国社会保障基金理事会官方网站——http：//www.ssf.gov.cn/，2016年7月15日。

20.全球金融危机

2008年的全球金融危机经常被拿来和20世纪30年代的美国经济大萧条相比较。经济大萧条发生在差不多1个世纪前，包括我在内的现今大部分从事金融行业的人，只能在书本上读到该事件。然而，2008年全球金融危机的情景，我们却仍然历历在目。

2008年8月18日，我阖家从新加坡搬到中国香港，以香港为基地，聚焦拓展北美信托在北亚地区的业务。从中国的风水学来说，2008年8月18日的年、月、日都是8，是最吉利的日子。但后来证明，纵使选择了这个吉利的日子，也阻挡不了全球金融危机在1个月后的来袭。

在香港本地时间9月14日星期日上午7点左右，我接到来自芝加哥总部的电话，通知我上午9点出席全球领导团队的紧急电话会议，共同讨论一项会对市场产生重大影响的事件。银行的所有高管正在赶回芝加哥总部的途中。虽然只是简短的通话，并没有透露什么详细情况，但不妙的形势已尽在不言中。挂上电话后，我如往常一样外出开始5千米的周末慢跑，好好地清醒一下头脑。

在电话会议上，我们获悉美国第四大投资银行雷曼兄弟（Lehman Brothers）已由于无法承担巨额次级抵押房屋贷款债券（sub-prime mortgage debts）导致的高额亏损而濒临崩溃。雷曼兄弟公司的股票在2007年的最高价位为每股82美元，从9月14日暴跌42%后，到现在股价已不到每股4美元。在该周末，雷曼兄弟的现金仅剩下10亿美元。形势严峻，所剩下的生存能力无几。美国当局正在做最后的努力，试图让巴克莱银行或美国银行将其接管。但这些努力能否成功，尚在未知之数。

美国的家庭债务市场因为得到抵押贷款支持证券（mortgage-backed securities）和担保债务凭证（collateralized debt obligations）融资的支持，连续膨胀了10年。美国房地产泡沫从2004年的最高点逐步下滑，引爆了这场危机。2007年3月，有几家抵押融资公司依据《美国破产法》第11章规定，申请破产保护，美国房地产市场的爆破已初现端倪。

踏入2008年，笼罩财经界的阴云开始越积越厚。2月份，英国抵押贷款机构北岩银行（Northern Rock）历经了几个月的流动资金危机后，被迫由政府接管。

紧接着在3月，美国第五大的独立投资银行贝尔斯登

（Bear Sterns），因为客户和交易对手担心它会由于在资产支持证券上的巨额亏损而无法履行偿债责任，出现了在几天内快速大规模的资金流出。美国政府在3月16日要求摩根大通将其接管，经过1个周末的混乱后，摩根大通以每股10美元的价格收购了贝尔斯登。

图45　贝尔斯登在纽约麦迪逊大道（Madison Avenue）的办事处

市场上逐渐出现了信贷紧缩，美联储不得不数度下调利率。到2008年4月28日，利率已从2007年6月28日的5.25%下调至2%。2007年12月，美联储创设"定期资金标售工具"（Term Auction Facility），即通过拍卖机制向存款机构提供一定数量可长达28天的贷款，可以用各种认可抵押品作抵押。另一种"定期证券借款工具"（Term Securities Lending Facilities）创设于2008年3月，旨在让有需要的金融机构以各种联邦所属机构债、住宅抵押贷款支持证券及其他证券，借取国债。

　　但这些措施，远远不足以支持背负了堆积如山的次级债务的金融机构继续生存。

　　雷曼兄弟成为继贝尔斯登之后又一家在年内面临破产的投资银行。在此之后，预计还会有更多的机构走上破产的境地。下一个陷入危机的是美林银行（Merrill Lynch），一家世界规模最大、最负盛名的证券经纪商。随着雷曼兄弟的倒闭，投资者和投机者都把视线集中在美林的财务困境上。

图46　雷曼兄弟在纽约时代广场（Time Square）的办事处

　　大多数银行和养老基金，都与雷曼兄弟有业务往来。对冲基金与雷曼兄弟之间更有极多的交易。星期一开市时，金融市场肯定将会受到沉重打击。我们讨论已准备就绪的应急计划，如何控制业务运营会受到的影响，以及怎样与客户保持沟通。

9月15日星期一，美林宣布与美国银行按照达成的交易协议，将被后者以每股29美元的价格收购。这一收购价较美林上周五收盘价的17.05美元溢价70%，但仅是年前市值的一半，及2007年初最高价的1/3。

可惜雷曼兄弟没有等到它的白骑士，在申请破产保护后，公司股价较上周五收盘价跌去了93%。由于美国当局拒绝为雷曼兄弟提供担保，与巴克莱银行的收购谈判失败。

雷曼兄弟的飞速崩溃震惊了整个金融市场，全球股市应声下跌。雷曼兄弟的各种复杂交易都要即时冻结，有关的清算程序，即使用不上几年，也肯定需要多个月。于是，全球的金融体系发生巨大震荡。各银行无法确定自己会因雷曼背负多少债务，也无法从与雷曼的交易中把资金及时取出。这进一步加剧了信贷紧缩，给企业和消费者带来了噩梦。

然而，市场在同一周内还要经受另一个更大的冲击。保险业龙头美国国际集团（AIG）因耗尽现金并无力弥补亏损，向美国政府申请紧急援助。2008年9月16日，联邦政府向美国国际集团提供850亿美元纾困资金。美国政府获取该公司79.9%的股权，作为交换。几十年来，美国国际集团一直是世界上最大的保险公司，一家在全球为个人及企业客户提供保障的知名企业，如果美国政府不出手救援，集团必将在周内跌入万丈深渊。

该集团在市场的地位被形容为"太大不容倒"（too big

to fail）。难以计数的共同基金、养老基金、对冲基金等机构投资者都有投资在该集团，而集团本身也是这些机构投资者的担保人。尤其是许多持有由该集团担保的债务抵押证券的投资银行，将会面临亏损数十亿美元的风险。如果该集团破产，对于已经风雨飘摇的货币市场来说无疑是雪上加霜，数百万个人和机构投资者原以为所持有的证券极为安全，但他们的财富可能一夜之间会化为虚有。

图47　美国国际集团在纽约市的总部大楼

政府纾困 AIG 集团的行为，极具争议。一些人质疑美国政府动用纳税人的钱购买一家已无法再维系其业务的保险公司是否恰当。此外，最令人气愤的是使用公款向造成市场混乱的集团高管发放奖金的做法。不过，也有人辩解说，如果救助成功，实际上受益的还是纳税人，因为政府所持有的集团股份将会获得收益。

在接下来的几个星期里，美国和欧洲有更多的主流金融机构公告其严重的财务困境，并请求紧急援助：

☆9月17日，苏格兰哈利法克斯（Halifax）银行与英国劳埃德TSB（Lloyds TSB）集团合并。

☆9月24日，匹兹堡金融服务集团（PNC Financial Services Group）收购国民城市银行（National City Bank）。

☆9月25日，摩根大通收购华盛顿互助（Washington Mutual）银行。

☆9月29日，德国地产融资抵押银行（Hypo Real Estate）向德国各家银行和德国政府求援。

☆9月29日，荷兰、比利时、卢森堡三国政府出手救助富通银行（Fortis Bank）。

☆9月29日，冰岛格里特尼尔银行（Glitnir）被部分国有化。

☆9月30日，法国、比利时、卢森堡三国政府出手救助德克夏银行（Dexia）。

☆10月3日，荷兰政府对富通集团旗下保险业务实施国有化。

☆10月6日，法国巴黎银行收购富通银行75%的股权。

☆10月7日，冰岛国民银行（Lands banki）被国有化。

☆10月9日，冰岛考普森银行（Kaupthing）被国有化。

☆10月12日，美国富国银行（Wells Fargo）收购瓦霍维亚银行（Wachovia）。

☆10月13日，英国政府出手救助苏格兰皇家银行（Royal Bank of Scotland）、劳埃德TSB集团及苏格兰哈利法克斯银行。

☆10月16日，瑞士政府出手救助瑞士联合银行（UBS）。

☆10月24日，加拿大多伦多道明银行（Toronto Dominion）收购美国商务银行（Commerce Bancorp）。

☆11月2日，葡萄牙政府对葡萄牙商业银行（Bancorp Portuguese de Negocious）实施国有化。

☆11月8日，拉脱维亚政府对巴莱克斯银行（Parex）实施国有化。

☆11月28日，美国当局出手救助花旗集团（Citigroup）。

短短两个月内，危机已经蔓延到全球。数十亿美元的市场资本随着股价下跌而蒸发，大家对金融机构的信心降至历史最低水平。托管机构也无法幸免。我们忙于回答客户许多有关法律、监管、运营层面的问题。他们都很着急想知道，如果万一我们的银行破产倒闭了，那么他们的托管资产是否安全无虞，是否会得到充分的保护。但是，能够参考的先例太少，很多问题我们根本无法给出确切的答案。

市场的气氛高度紧绷，投资者的信心极为脆弱。若有任何风吹草动，一些客户的反应是把自己的资产从一家机构转到另一家机构；基金经理们把持仓从一种资产类别转换到另一种，把投资从一个国家转移到另一个国家。

1997—1998年亚洲金融危机后，亚太地区的银行专注加强资本比率和流动性比率，因而在这次危机期间一直表现良好。尽管股价和营业收入与全球金融机构同样大幅下挫，但没有银行需要紧急财政救援。不过，在雷曼及其他投资银行崩溃后，中国香港和新加坡的几十家银行不久便陷入了雷曼迷你债券风波。

中国香港数十万的散户在雷曼发行的小额债券上投资了近200亿港元，他们眼睁睁地看着自己的投资变得一文不值。新加坡的情况也是一样，该国约有1万名散户损失了全部或大部分的投资金额在与雷曼相关的产品上，亏损总额超过5亿新币。销售这些产品的银行和券商，被大家指控将这些相对高风险的结构性产品以误导手法出售给投资者，并且其中许多投资者都是家庭主妇和老年人。他们以为自己购买的是安全的储蓄类投资产品，其实不然。在随后的几个月里，投资者们对于不当销售和监管不力的谴责声浪，淹没了中国香港和新加坡，两地的投资者甚至还进行多轮激进的抗议活动。最终，两地的政府当局都在公众压力下出手干预，向投资者们作出一定补偿。

此外，政府还敦促监管机构严格审查和限制向非专业投资者销售复杂产品的活动，并要求其进一步完善披露和客户风险评估的规则。

虽然市场上已有各种资本注入，可是大众对金融机构和整个金融体系仍然缺乏信心，流动性仍然是一个大问题。各国政府不得不采取更大胆的措施来重建投资者的信心。

9月30日，爱尔兰政府为了维护其本国银行系统的稳定性，宣布对其国内银行的存款提供担保。包括英国、德国、法国、意大利、荷兰等国在内的一些欧洲政府紧随其后，也做出同样的宣布。在亚太地区，澳大利亚、新西兰、中国香港、新加坡及马来西亚的政府，随即也效仿这做法。

如果深入分析这些存款担保方案的细节，如担保水平、担保方式、担保的适用对象等，便会发现每一个方案都是不同的。不过，在政府发布声明时，通常对各种细节并未有明确解说。于是，我们收集到客户的大量疑问，需要处理一大堆有待解答的问题。

在这之前，市场上发生的事情，大多数都没有直接冲击到托管银行，但次贷危机和流动性危机终于引发了一个与我们有直接关联的问题——证券借贷。

证券借贷起初是一种用作填补交收失败的工具，逐步演变为托管银行用作帮助客户利用其闲置资产获取额外收益的工具。托管银行会以客户代理人的身份将证券借给市场参与者，后者再利用借得的证券来实施其投资策略。证券通常以现金作为借贷的抵押物，每日按市价计值。托管银行将现金集中，然后投入隔夜存款、货币市场工具及回购协议市场，赚取额外收入。借出证券所收取的费用及现金投资所产生的收益，按照双方预先协议，部分归客户，部分归托管银行。证券借贷计划看上去似乎是一种相对安全的获取额外收益的手段，非常受交易所交易基金、共同基金、养老基金、捐赠基金和公营基金的欢迎。

随着时间流逝，证券借贷在全球已经成为一项重要业务，借出量快速增长。据英国咨询公司数据探索者（Data Explorer）的估算，20世纪90年代中期，全球证券借贷总额尚不足6000亿美元，到2008年第三季度，此数额已增长至2.3万亿美元。2007年，美国共同基金从证券借贷的全年收入已超过10亿美元，养老基金证券借贷的全年总收入近5亿美元。●

各种代理借贷计划之间的竞争愈演愈烈，为了在竞争中取胜，托管银行不惜主动降低其在证券借贷收益中所占的份额。20世纪90年代中期，客户与托管银行之间的收益分账比例一般是"五五"或"六四"开，到2007—2008年，分收益分账比例已逐渐降到"八二"或"九一"开，由客户占大头。一些托管机构甚至壮士断腕地免费向客户提供托管服务，借此换取大量可用于证券借贷的资产，以便从客户的收益中分一杯羹。

● "证券借贷市场趋势"（*Securities Lending Market Trends*），2009年9月，金仕达阿斯泰克分析公司（Sunguard ASTEC Analytics）。

但是，用来支付成本的钱不会是凭空而来的。为了攫取更高的回报，在许多证券借贷计划中，经客户准许，托管机构将有关现金再投资的集成工具指引修改，加大了投资风险。一般的做法是拉长再投资集成工具的平均期限，或扩大投资范围，加入收益更高的投资工具，包括抵押贷款支持证券。

当次级债券泡沫破裂时，大多数现金再投资集成工具的市值受其持有的有毒资产拖累，跌破面值。许多客户，特别是养老基金，没有预料到会发生这种情况，希望能立即终止证券借贷计划，及时止损，然而却不被允许退出。抵押贷款支持证券完全丧失了市场流动性，市场没有交易做价，不可能估值。即使客户为求退出计划愿意完全减记抵押再投资集成工具所持有的贷款支持证券的价值，这种做法将需要召回已借出的证券，因为有毒的抵押贷款支持证券完全丧失了流动性，于是只能把那些表现良好和有流动性的证券售出。这会给投资借贷计划的整体流动性和运作能力带来负面影响。对于仍然留在计划中的客户来说，这是不公平的。此外，很多国家在本次危机期间严令禁止卖空，借贷交易量远低于以往的水平。如果客户大量退出，证券借贷计划将很难维持其运营连续性。

鉴于上述情况，托管银行对这些计划关上大闸，不准许现金抵押再投资集成工具的参与者退出。客户对陷入这种境地感到极为不快，完全可以理解。他们都激烈地反对这些措施。我们每天都要处理大量来自这些愤怒客户的投诉。一些人声称，他们之所以会同意在现金再投资集成工具的投资指引内包含抵押贷款支持证券，是受到了误导，并威胁要采取法律行动。于是，我们要耐心解释，并出示相关的证据，证明在他们签署投资指引之前，我们已就相关内容与他们讨论过。我们与客户的关系从未如此紧张过。

有些客户不理会沟通，毅然提出法律索赔。摩根大通、道富集团、纽约银行、花旗银行、北美信托全都卷入了与客户的诉讼。❶

金融危机来势汹汹，如海啸般肆虐了全球各地的市场和参与者。世界各国政府被迫协调联手采取新的举措来重建大家对于金融体系的信心，同时不断地向金融系统注入了数十亿美元：

> ☆10月8日，美国央行、英国央行、中国央行、加拿大央行、瑞典央行、瑞士央行及欧洲央行一致降息，试图减轻借款人的压力，向市场发出强力的控制信贷紧缩的信号。
>
> ☆10月14日，保罗·汉森（Paul Hanson）公布"不良资产救助计划"（Troubled Asset Relief Plan，TARP），宣布购买美国各大银行的资产。
>
> ☆10月21日，美联储宣布创设"货币市场投资者融资工具"（Money Market Investor Funding Facility，MMIFF），为一系列特殊目的机构提供高级担保融资，使其能够向美国货币市场共同基金等合格投资者购买资产。

---

❶ "道富集团证券借贷收益明显下滑，法律诉讼渗透"（State Street Sec-Lending Revenue Drops, Lawsuits Percolate），2011年3月11日，Ignites杂志。

☆11月25日，美联储宣布设立"定期资产抵押证券贷款工具"（Term Asset-Backed Securities Lending Facility，TALF），向AAA级资产支持证券和新近的消费者和小型业务贷款的持有者提供高达2000亿美元无追索权贷款。

在"量化宽松"货币政策的支持下，这些向银行系统增加货币供给的措施在随后几个月里得到了进一步强化。尽管人们对这些措施的潜在副作用持有各种不同意见，幸而这些措施确实对市场产生了积极的影响，市场逐渐恢复了流动性。9月18日，美国财政部宣布货币市场基金担保计划到期，并且通过此项计划的参与获得了约12亿美元的收益。10月14日，道·琼斯工业指数在12个月后首次回到了10000点水平。

金融业从全球危机中缓慢地复苏。货币市场基金、对冲基金、证券借贷计划的大闸被再次打开。市场投资和交易活动重新恢复正常。

金融危机给我们留下了很多经验教训。它告诉我们，金融市场的信心一旦破裂，重建将会是一个漫长的过程。在这个全球紧密相连的世界中，表面看来是流动性危机可能会迅速转变成金融机构的偿付能力危机、主权国家的国际收支危机以致整个世界的全面信心危机。

雷曼的崩溃，以及随后的马多夫（Madoff）事件再次证明，即使金融机构崩溃所涉及的清盘程序很复杂，也不能忽略托管职能在资产保护中的重要性。

金融危机还凸显了托管银行在市场融资和证券交易结算中所起的作用。除此之外，托管银行代表投资者履行的多重委托，也反映出其对全球金融市场的持续运作具有系统重要性。例如，如果某一家全球顶级大型托管机构变得不稳定，那么将会对银行间融资、外汇、共同基金定价、认购和赎回及证券借贷和融资市场造成严重干扰。在2011年被"二十国集团"列为首批29家全球系统重要金融机构（G-SIFI）当中，世界排名前6位的托管机构都名列榜上并不是巧合。

托管银行也是确保券商能够获得结算交易的日内信贷和短期信贷的主要来源。若托管银行提供的信贷减少，结算失败将会大幅上升。对手方违约的程序，会影响多个中央结算所，可以触发大量抵押品被出售，导致价格旋风式上升和安全投资转移。资产负债表以内和以外的数以万亿计的金融资产会开始寻找一个更加安全的避风港，并在逃离银行的同时，把该银行资产负债表融资资金中占比相当高的现金存款一同带走。

金融服务行业的几乎所有部门，都在金融危机期间遭受到了严重打击，但托管银行所受到的影响，相对于投资银行和券商要少一些。例如，托管银行的裁员规模比大多数券商和投资银行来得小。

然而，托管银行同样面临全球银行业环境变化带来的挑战，特别是世界各地自危机以来实施的源源不断的监管条例。

托管银行的传统收入流在过去几年里受到重击，需要转型，通过向客户提供创新型服务和提高运营效率来扩充收入。危机之后出现了新的商机：例如，托管银行可以向资本市场参与者提供抵押品优化和抵押品转换服务、券商和投资银行的证券处理及投资经理的中台职能外包服务，实现为客户提供增值的目的。这些服务有助于券商、投资银行或投资经理将非核心职能的固定成本转化为变动成本，控制其营运成本，让其把重点放在具有重要战略性的活动上，将符合客户需求的产品投放市场的所需时间缩短。

2008年全球金融危机，带来了大批主流企业倒闭、消费者财富被急剧吞噬、长期失业和经济活动低迷等问题，导致接下来5年多的全球经济衰退，同时也是欧元区主权债务危机的催化剂。

黑暗中总会有一线光明。与过去的经历一样，危机的过程虽然是痛苦的，但全球市场与市场参与者经过危机之后，强者能以更加坚强的姿态复生，缔造一个新的开端。

托管业经过这场危机的洗礼后，得到了优化和演进。

附录：全球金融危机大事年表

2007年

2007年2月7日

☆汇丰（HSBC）银行公布与美国次级抵押贷款相关的亏损额。

2007年5月17日

☆美联储主席本·伯南克（Ben Bernanke）表示，日益增多的抵押贷款违约不会严重损害美国经济。

2007年6月

☆贝尔斯登（Bear Sterns）旗下两家大量持有次级抵押贷款的对冲基金遭受巨额亏损，被迫抛售资产。危机蔓延到美林（Merill Lynch）、摩根大通（JP Morgan Chase）、花旗（Citibank）、高盛（Goldman Sachs）等向企业提供贷款的主流华尔街公司。

2007年8月9日

☆法国巴黎（BNP Paribas）银行冻结了3支投资基金的赎回权，指出其无法为内部的复杂资产（即担保债务凭证或一揽子次级贷款）估值。这是第一家指出面临次级抵押贷款市场风险的主流银行。

2007年9月

☆受危机波及的北岩（Northern Rock）银行承认陷入财政困境，并向英格兰银行提出援助请求。客户排队提款，股价下跌。

2007年10月1日

☆瑞士银行（UBS）公布与美国次级抵押贷款相关的亏

损额。

2007年10月5日

☆美林宣布亏损55亿美元。

2007年10月15日

☆花旗宣布第三季度亏损65亿美元。

2007年10月24日

☆美林宣布亏损超80亿美元。

2008年

2008年1月

☆瑞士银行宣布第四季度亏损140亿美元。

2008年1月11日

☆美国银行向全国金融公司（Countryside Financial）支付40亿美元。

2008年1月15日

☆花旗宣布第四季度亏损181亿美元。

2008年1月17日

☆美林宣布第四季度亏损115亿美元。华盛顿互助（Washington Mutual）银行公布亏损额。

2008年2月13日

☆英国政府对北岩银行实施国有化。

2008年3月

☆英国对冲基金培洛顿（Peloton Partners）和美国基金凯雷

资本（Carlyle Capital）倒闭。

2008年3月16日

☆美国第五大投资银行贝尔斯登崩溃，被摩根大通收购。

2008年4月1日

☆德意志银行（Deutsche Bank）宣布第一季度亏损39亿美元。

2008年4月13日

☆瓦霍维亚银行（Wachovia）宣布本季度严重亏损。

2008年5月12日

☆受美国次贷市场影响，汇丰银行第一季度减记32亿美元。

2008年7月22日

☆华盛顿互助银行宣布第二季度损失33亿美元。

2008年8月31日

☆德国商业银行接管德累斯顿·克莱沃特（Dresdner Kleinwort）投资银行。

2008年9月7日

☆美国财政部出手接管房利美（FreddieMae）和房地美（FreddieMac），对其实施国有化。

2008年9月9日

☆雷曼兄弟股价在华尔街股市暴跌至10多年来的最低水平。

2008 年 9 月 15 日

☆雷曼兄弟申请破产保护。

☆股市暴跌。

☆各大央行向货币市场注入数十亿美元。

☆美国银行同意以 500 亿美元价格收购美林。

2008 年 9 月 16 日

☆纽约联邦储备银行出手求助美国国际集团（AIG）。

☆主要储备货币基金的资产价净值跌至不足 1 美元。

☆摩根士丹利与瓦霍维亚银行进行并购谈判。

2008 年 9 月 17 日

☆苏格兰哈利法克斯银行（HBOS）与英国劳埃德 TSB 银行合并。

☆美国证券交易委员会宣布临时紧急禁令，禁止所有金融业公司股票的卖空。

2008 年 9 月 18 日

☆美联储等央行向全球市场注入数十亿美元资金，以缓解资金吃紧状况。

2008 年 9 月 19 日

☆美国财政部宣布一项临时救助计划，从外汇稳定基金（Exchange Stablization Fund）动用 500 亿美元，为持有货币市场共同基金的投资提供担保。

2008 年 9 月 20 日

☆美国财政部向国会提交一份法案，要求其授权购买不良资产。

2008年9月21日

☆美联储批准投资银行高盛和摩根士丹利（Morgan Stanley）转型为银行控股公司的申请。

2008年9月22日

☆野村控股（Nomura Holdings）收购雷曼兄弟在亚洲的业务，金额最高可达5.25亿美元。

2008年9月25日

☆联邦存款保险公司（FDIC）促成摩根大通收购华盛顿互助银行的银行业务。

2008年9月27日

☆汇丰银行宣布在全球范围内裁员1100人。

2008年9月29日

☆美国国会否决7000亿美元财政纾困计划。

☆英国政府对布拉福德-宾利银行（Bradford & Bingley）实施国有化。桑坦德（Santander）银行以382亿美元收购该银行存款业务。

☆德国政府与各大银行同意出手救助德国地产融资抵押（Hypo Real Estate）银行。

☆全球最大银行花旗银行宣布收购瓦霍维亚银行。

☆荷兰、比利时、卢森堡三国出手救助比利时巨头富通（Fortis）银行。

☆苏格兰皇家银行（Royal Bank of Scotland）股价下跌1/5。

☆冰岛最大银行之一格里特尼尔银行（Glitnir）被部分国有化。

☆美国财政部启动货币市场基金临时担保计划（Tempo-rary Guarantee Program for Money Market Funds），向基金股东提供担保。

☆联邦存款保险公司宣布已与花旗集团达成一项损失分担协议，花旗集团将收购瓦霍维亚银行的业务。

2008年9月30日

☆爱尔兰政府为国内主要银行的存款提供为期2年的担保。

☆比利时、法国、卢森堡政府向德克夏（Dexia）银行提供64亿欧元纾困资金，德克夏银行成为欧洲第一家接受救助的银行。

2008年10月1日

☆美国参议院通过修改后的7000亿美元救市计划。

2008年10月3日

☆美国国会通过7000亿美元救市计划。计划经乔治·W·布什（George·W·Bush）总统签署生效。

☆瑞银裁减2000个工作岗位。

☆荷兰政府对富通银行的银行业务和保险业务实施国有化。

☆富国银行（Wells Fargo）宣布一项具有竞争力的方案，提出在不需要联邦存款保险公司提供协助的情况下收购瓦霍维亚银行。

　　☆《2008年经济稳定紧急法案》在美国国会通过并经布什总统签署生效，确立7000多亿美元的不良资产救助计划（Troubled Asset Relief Program，TARP）。

　　2008年10月4-6日

　　☆原定的德国房地产抵押银行援助计划失败。

　　☆总理安吉拉·默克尔（Angela Merkel）宣布690亿美元的新援助计划。

　　☆默克尔宣布为德国各大银行的存款提供担保。

　　☆英国将银行存款担保上限由35000英镑提高至50000英镑。

　　☆欧盟领导人在巴黎召开紧急峰会，讨论金融危机问题。

　　☆花旗集团与富国银行就瓦霍维亚银行收购案展开博弈。

　　☆法国巴黎银行持有富通银行75%的股权。

　　2008年10月6日

　　☆丹麦政府公布银行存款担保计划。

　　☆富国银行和花旗集团同意在瓦霍维亚银行收购案中暂时休战。

　　☆美国银行宣布盈利下降68%，并决定以出售股票的方式融资100亿美元。

　　2008年10月7日

　　☆联邦储备委员会宣布建立"商业票据融资工具"（Commercial Paper Funding Facility，CPFF），通过特殊目的的机构直接从合格的发行人那里购买为期3个月的无担保商业票据和资产支持商业票据，为美国商业票据发行人提供流动性支持。

☆联邦存款保险公司宣布按照《2008年经济稳定紧急法案》将每一位存款人的存款保险金额提高至250000美元。

☆冰岛国民银行（Lands banki）被国有化；国民银行旗下的网络储蓄银行将英国客户的账户冻结。

2008年10月8日

☆联邦储备委员会授权纽约联邦储备银行以现金为抵押向美国国际集团借取高达378亿美元的投资级固定收益证券。美联储投票将一级信贷利率下调50个基点至1.75。

☆英国财政部冻结冰岛国民银行在英资产，并威胁采取法律行动。

☆英国财政部宣布5000亿英镑银行救援计划。

☆美国央行、英国央行、中国央行、加拿大央行、瑞典央行、瑞士央行及欧洲央行纷纷降息，试图减轻借款人的压力。

☆国际货币基金组织预测全球经济将进入衰退期。

2008年10月9日

☆冰岛政府对全国最大的考普森（Kaupthing）银行实施国有化。

2008年10月10日（"黑色星期五"）

☆"七国集团"财政部长在华盛顿举行峰会，并宣布了一项5点计划。

☆日经指数下挫近10%，创20年来最大跌幅。

☆富时指数一度下滑超过10%，收盘时跌8.85%；经历1987年以来最大日跌幅。

☆国际油价跌破每桶80美元。

☆道琼斯指数狂泻近700点，收盘前收回部分失地。

2008年10月11—12日

☆美联储批准富国银行收购瓦霍维亚银行。

☆欧盟15国领导人在巴黎召开紧急峰会。

☆戈登·布朗（Gordon Brown）敦促欧盟领导人采取类似于英国银行援助计划的措施。各国领导人同意于2009年年底前对各家银行的贷款提供担保。

☆德国、法国、意大利于周一公布各国的计划。

☆澳大利亚同意为存款提供3年担保。

☆新西兰为银行存款提供2年担保。

2008年10月13日

☆欧盟股市因欧盟领导人发布的纾困公告而出现反弹。

☆英国以630亿美元的成本救助苏格兰皇家银行、苏格兰哈利法克斯银行及劳埃德TSB银行。

☆英格兰银行向冰岛国民银行贷款1.74亿美元，以帮助其偿还英国储户的存款。

2008年10月14日

☆保罗·汉森（Paul Hanson）提出通过不良资产救助计划

购买美国金融机构的资产。

☆联邦存款保险公司出台一项新的临时流动性担保计划（Temporary Liquidity Guarantee Program），为所有由其担保的机构及其控股公司的高级债务以及涉及无息存款交易的存款提供担保。

☆冰岛在银行崩溃后与俄罗斯进行谈判，向其提供54.4亿欧元紧急贷款问题。

2008年10月15日

☆欧洲和亚洲股市在开盘略有上涨后开始走低。

☆东南亚国家同意启动基金为处于危机中的国家提供资金支持；世界银行承诺为救助基金提供100亿美元资金。

☆俄罗斯股市下跌，RTS指数跌至800点以下。

2008年10月16日

☆市场担心全球经济增长放缓。

☆由于成本问题，花旗延迟其与日本证券交易部门的合并。

☆瑞士政府调动592亿美元救助瑞士银行。

☆瑞士银行宣布第三季度亏损13亿美元，向投资者募集87亿美元资金。

☆匈牙利央行获得来自欧洲央行的67亿美元现金注入。

☆欧盟领导人在布鲁塞尔首脑会议上呼吁彻底改革国际金融体系。

2008年10月21日

☆美联储宣布创设"货币市场投资者融资工具"（Money

Market Investor funding Facility，MMIFF)，为一系列特殊目的机构提供高级担保融资，使其能够向美国货币市场共同基金等合格投资者购买资产。

2008年10月22日

☆英国约克郡建筑协会（Yorkshire Building Society）收购巴恩斯利建筑协会（Barnsley Building Society）。

2008年10月24日

☆匹兹堡金融服务集团（PNC Financial Services Group）收购国民城市银行（National City Corporation），成为美国第五大银行。

☆加拿大多伦多道明银行（Toronto-Dominion Bank）收购美国商务银行（Commerce Bancorp）。

☆英国经济在7-9月增长幅度下降0.5%，16年来首次出现萎缩。

2008年10月29日

☆国际货币基金组织宣布为市场准入国家创设一项短期流动性机制。

2008年11月2日

☆葡萄牙政府对葡萄牙商业银行（Banco Portuguesede Negocios）实施国有化。

2008年11月4日

☆英国斯基普顿建筑协会（Scarborough Building Society）收

购斯卡布罗建筑协会。

2008年11月6日

☆国际货币基金组织批准向乌克兰提供164亿美元贷款，帮助乌克兰稳定受全球金融风暴冲击的经济危机。

2008年11月7日

☆数据显示美国10月份失业人数为240000人。

2008年11月8日

☆拉脱维亚政府对巴莱克斯银行（Parex Bank）实施国有化。

2008年11月9日

☆中国出台一项为期两年、总额5860亿美元的经济刺激方案，通过投资基础设施、社会项目和减免企业税收来促进经济增长。

2008年11月10日

☆美联储批准美国运通（American Express）转型为银行控股公司的申请。

2008年11月14日

☆欧盟数据显示第三季度经济萎缩0.2%，欧元区正式陷入经济衰退。

☆"二十国集团"在雷曼兄弟倒闭后召开首次会议，此次会议的重要性可比肩1944年布雷顿森林（Bretton Woods）首脑会议。

2008年11月17日

☆林肯国民（Lincoln National）、哈特福德金融服务集团（Hartford Financial Services Group）、通用金融公司（Genworth Financial）这3家大型美国人寿保险公司宣布有意收购贷款机构/存托机构，以便以储蓄贷款公司的身份参与不良资产救助计划的融资活动。

2008年11月20日

☆国际货币基金组织批准向冰岛提供21亿美元贷款。

2008年11月21日

☆美国财政部宣布作为基金证券买家帮助清算储备基金的美国政府基金，以确保基金的有序清算。

2008年11月23日

☆美国财政部、美联储、联邦存款保险公司共同宣布与花旗集团达成一项协议，提供包括担保、获得流动性及资本在内的一揽子救助方案。

2008年11月25日

☆美联储宣布设立"定期资产抵押证券贷款工具"（Term Asset-Backed Securities Lending Facility，TALF），向AAA级资产支持证券和新近的消费者和小型业务贷款的持有者提供高达2000亿美元无追索权贷款。

☆美国财政部将提供200亿美元的不良资产救助计划资金用于信贷保护。

2008年11月26日

☆欧盟委员会公布一项总额达2000亿欧元的经济恢复计划。

☆美联储宣布批准美国银行公司收购美林公司。

2008年12月1日

☆美国国家经济研究局宣布美国经济正式进入衰退。

2008年12月3日

☆美国证交会批准旨在提高信用评级机构透明度和问责制的措施，以确保评级机构向投资者提供更有意义的评级，并提高披露力度。

2008年12月4日

☆法国宣布一项为期2年、总额260亿欧元的经济刺激计划。

2008年12月15日

☆美联储宣布批准匹兹堡金融服务集团收购国民城市银行。

2008年12月19日

☆美国财政部授权动用不良资产救助计划资金分别向通用汽车（General Motors）和克莱斯勒Chrysler）提供134亿美元和40亿美元的贷款。

2008年12月22日

☆美联储批准CIT集团（一家价值810亿美元的融资公司）转型为银行控股公司的申请。

2008年12月24日

☆美联储批准和通用汽车金融服务公司（GMACLLC）和IB金融控股公司（IB Finance Holding CompanyLLC，IBFHC）转型为银行控股公司的申请，

2008年12月29日

☆美国财政部宣布向通用汽车金融服务公司购买50亿美元股权，以支持国内汽车行业。

2008年12月30日

☆美联储宣布将于从2009年1月初开始根据先前公布的方案购买由房利美、房地美、吉利美（GinnieMae）担保的抵押贷款支持证券。

2008年12月30日

☆美国证交会发布了一份反对终止使用公允价值会计准则的调查报告。该报告的授权来自于《2008年经济稳定紧急法案》。

2009年

2009年1月5日

☆纽约联邦储备银行开始购买由房利美、房地美、吉利美担保的固定利率抵押贷款支持证券。

2009年1月8日

☆穆迪投资服务公司发布了一份报告，指出联邦住房贷款银行面临着762亿美元由私企发行的抵押贷款支持证券投资组

合被大幅减记的潜在风险。穆迪称，在最坏的情况下，12家银行中仅有4家的资本比率将高于监管机构的最低要求。

2009年1月9日

☆官方数据表明美国12月份失业率上升至7.2%，为16年来的最高点。

2009年1月13日

☆中国出口额遭遇10年间最大降幅。

2009年1月15日

☆爱尔兰政府对盎格鲁爱尔兰银行（Anglo Irish Bank）实施国有化。

2009年1月16日

☆美国财政部、美联储、联邦存款保险公司宣布向美国银行提供包括担保、获得流动性及资本在内的一揽子救助方案。

☆美国财政部、美联储、联邦存款保险公司敲定其与花旗集团之间的担保协议条款的最终版本。

☆美国财政部宣布将动用不良资产救助计划资金向克莱斯勒金融公司创立的一家专门机构提供15亿美元贷款，以帮助其增加新消费者的汽车贷款。

2009年1月23日

☆英国第四季度国内生产总值与前3个月相比下降1.5%，经济进入衰退。

2009年1月28日

☆国家信贷联盟管理局（National Credit Union Administration, NCUA) 董事会宣布其将于2009年2月前为所有公司信用合作社的未投保股票提供担保，并于2010年12月前创建一项信用合作社未投保股票自愿担保计划。

2009年2月3日

☆哈萨克斯坦政府对图兰·阿列姆银行（BTA Bank）和联合银行（Alliance Bank）实施国有化。

2009年2月6日

☆美联储公布"定期资产抵押证券贷款工具"（TALF）的追加条款和条件，向那些由新近的汽车贷款、信用卡贷款、学生贷款及小型企业管理局担保的小企业贷款支持的某些AAA级资产支持证券的合格持有者提供高达2000亿美元的贷款。

2009年2月10日

☆美国财政部公布金融稳定计划（Financial Stability Plan），其内容包括由财政部购买合格银行的可转换优先股、成立公私合营投资基金从金融机构处购入不良贷款及其他资产、扩大美联储定期资产抵押证券贷款工具的规模、采取新举措来保障住房抵押贷款赎回权和支持小企业贷款。

☆美联储宣布其准备将定期资产抵押证券贷款工具的规模扩大到1万亿美元，并扩大合格抵押品范围，纳入AAA级商业贷款抵押支持证券、私企发行的住宅抵押贷款支持证券及其他资产支持证券。定期资产抵押证券贷款工具规模的扩大将得到1000亿美元的不良资产救助计划资金支持。

2009年2月11日

☆爱尔兰政府向爱尔兰银行（Bank of Ireland）和爱尔兰联合银行（Allied Irish Bank）注资70亿欧元。

2009年2月17日

☆美国总统奥巴马签署《2009年美国复苏与再投资法案》（American Recovery and Reimbursement Act of 2009），此法案中包括了旨在促进经济复苏的各种撙节和削减税收的措施。

2009年2月18日

☆美国总统奥巴马宣布"房主负担能力和稳定性计划"（The Homeowner Affordability and Stability Plan），其中包括了一项对房利美或房地美拥有或保证的超过房屋价值80%的合格房屋抵押贷款进行再融资的方案。

☆美国财政部计划将用于购买房利美和房地美优先股的资金增加至2000亿美元，并将房利美和房地美投资组合的上限提高到9000亿美元。

2009年2月21日

☆东加勒比中央银行出手救助安提瓜银行（Bank of Antigua）。

2009年2月23日

☆美国当局发表一项联合声明，表示美国政府将坚定地支持银行体系，并致力于确保银行拥有提供必要的信贷服务所需的资本和流动性，以服务于恢复经济增长。此外，各政府机构重申了其对具有系统重要性的金融机构进行维稳的决心。

2009年2月25日

☆美联储、联邦存款保险公司、货币监理署、储蓄机构管理局宣布，对资产超过1000亿美元的合格美国银行控股公司进行前瞻性经济评估或压力测试。监管机构将与企业合作，就未来的亏损范围和在两年间吸收这些亏损所需的资源进行估算。预计评估流程将于2009年4月底制定完成。

2009年2月26日

☆联邦存款保险公司宣布，截至2008年第四季度末，问题银行数量增加到252家，涉及资产1590亿美元。

☆联邦存款保险公司称，2008年共有25家银行倒闭，5次援助交易，为1993年以来单年最高数字。

2009年2月26日

☆房利美宣布2008年第四季度亏损252亿美元，2008年全年亏损587亿美元。

2009年3月2日

☆汇丰金融公司（HSBC Finance Corporation）宣布退出美国消费者银行业务。

2009年3月3日

☆美国财政部和美联储宣布启动"定期资产抵押证券贷款工具"（TALF）。

2009年3月9日

☆冰岛政府出手救助斯卓莫（Straumur）投资银行。

2009年3月11日

☆房地美宣布2008年第四季度净亏损239亿美元，2008年全年净亏损501亿美元。

2009年3月17日

☆联邦存款保险公司决定将"临时流动性担保计划"（TL-GP）的债务担保部分从2009年6月30日延长至2009年10月31日，并从2009年第二季度开始针对为期1年或1年以上的债务征收附加费，以逐步取消该计划。

2009年3月18日

☆美国联邦公开市场委员会（FOMC）投票决定将联邦基金有效利率目标区间维持在0—0.25%。

☆此外，联邦公开市场委员会决定再购买最高达7500亿美元的抵押贷款支持证券，并将证券购买总额提高至1.25万亿美元，以扩张美联储的资产负债表，同时将全年机构债务的购买额从1000亿美元增加至2000亿美元。

☆联邦公开市场委员会还决定在未来6个月内购买高达3000亿美元的长期国债，以帮助改善私人信贷市场的情况。

2009年3月19日

☆美国财政部公布"汽车供应商支持计划"（Auto Supplier Support Program），为汽车行业提供高达50亿美元的融资。

☆美联储宣布扩大"定期资产抵押证券贷款工具"（TALF）所供贷款的合格抵押品的范围，纳入以抵押贷款服务

预付款、与商业设备相关的贷款或租赁、车辆租赁、展销贷款
作为担保的押贷款支持证券。

☆3月17日至19日运营所需的此类贷款金额为47亿美元。

☆联邦存款保险公司将印地麦克银行（Indy Mac Federal
Bank）出售给第一西部银行（OneWest Bank）。

2009年3月23日

☆美联储与美国财政部就金融危机期间和未来各自担负的
职能，以及维持金融和货币稳定性所需的步骤发表联合声明。

☆美国财政部宣布设立一支公私合营投资基金，用以购买银
行持有的不良贷款。

☆美国财政部将批准最多5家资产管理公司筹集私人资
本，以收购银行目前持有的不良证券。

2009年3月26日

☆美国财政部出台一个框架，将监管具有系统重要性的企
业和关键支付与结算系统的责任归口于一个独立监管机构。

☆要求如下：对具有系统重要性的企业实施更加严格的资
本和风险管理标准；所有超过一定规模的对冲基金必须向金融
监管机构登记；针对场外衍生金融工具市场建立一个全面的监
督、保护和披露框架；对货币市场基金提出新要求；针对所有
对经济构成系统性风险的金融机构拥有更强的决议权。

2009年3月31日

☆美国财政部宣布将货币市场基金临时担保计划延长至2009

年9月18日。

☆4家银行控股公司宣布其已赎回基于不良资产救助计划向美国财政部发行的全部优先股。

2009年4月2日

☆"二十国集团"就一项5万亿美元的全球刺激计划达成共识。

2009年5月1日

☆美国三大汽车制造商之一的克莱斯勒公司申请破产保护。

2009年5月7日

☆美联储公布19家规模最大的美国银行控股公司的压力测试结果。评估结果显示,假如经济衰退进一步加深,这19家公司在2009年和2010年的亏损额总计可能达到6000亿美元。其中,有10家公司需要再筹集1850亿美元资金才能维持足够的缓冲。

2009年5月8日

☆房利美宣布2009年第一季度亏损232亿美元。

2009年5月12日

☆房地美宣布2009年第一季度亏损99亿美元,截至2009年3月31日净值亏损60亿美元。

2009年5月13日

☆美国财政部建议要求所有标准化场外衍生工具必须通过受监管的中央结算所进行结算,并要求所有场外衍生工具交易商以

及在从事场外市场活动时会给交易对手带去大量风险的所有其他
企业均必须接受审慎的监督和监管。

2009年5月20日

☆美国总统奥巴马签署《2009协助家庭保全住房法案》
(*Helping Families Save Their Homes Act of 2009*)，临时性地将联
邦存款保险公司的存款保险金额从每位存款人10万美元提高到
25万美元。适用于由联邦存款保险公司承保机构的新保险将于
2014年1月1日到期。

2009年5月21日

☆根据对支持英国银行体系所需的财政成本的估算，标准
普尔评级服务公司将英国政府债务的前景从"稳定"下调至
"负面"。

2009年5月27日

☆联邦存款保险公司宣布，截至2009年第一季度末，问题
银行数量增加到305家，涉及资产2200亿美元。

☆2009年第一季度有21家银行倒闭，这是1992年第一季度
以来机构倒闭数量最多的一个季度。

2009年6月1日

☆世界汽车制造业巨头美国通用汽车公司申请破产保护。

2009年6月5日

☆美国财政部按照资本购买计划从3家美国银行购入总计
4000万美元的优先股。

2009 年 6 月 9 日

☆美国财政部宣布，参与资本购买计划的 10 家美国大银行已满足联邦银行监管机构制定的提前还款要求。

☆英国失业率上升到 7.1%，2009 年前 3 个月有 222 万人失业。

2009 年 6 月 25 日

☆美国国际集团宣布已与纽约联邦储备银行达成协议，将该集团所欠债务削减 250 亿美元。

2009 年 7 月 15 日

☆美国国会公布金融危机调查委员会成员名单。

2009 年 7 月 16 日

☆得益于政府的大规模刺激计划，中国经济在 4—6 月间保持了 7.9% 的年增长率，高于第一季度的 6.1%。

2009 年 7 月 21 日

☆伯南克（Bernanke）称，去年秋天的极端风险状况已有所缓解，投资者们正在重新回到私人信贷市场。

2009 年 7 月 24 日

☆美联储宣布，在 8 月的两次拍卖上，"定期贷款拍卖工具"（TAF）的信贷额度将从 7 月的 1250 亿美元下调到 1000 亿美元。

2009 年 8 月 6 日

☆房利美宣布 2009 年第二季度亏损 148 亿美元。

2009年8月27日

☆联邦存款保险公司宣布，截至2009年第二季度末，问题银行数量增加到416家，涉及资产2998亿美元。

2009年8月28日

☆美联储宣布，在9月的两次拍卖上，"定期贷款拍卖工具"（TAF）的信贷额度将从8月的1000亿美元下调到750亿美元。

2009年9月18日

☆美国财政部宣布自雷曼兄弟于2008年9月倒闭起实施的货币市场基金担保计划到期。

☆自该计划实施以来，财政部不仅没有损失，反而获得了约12亿美元的参与费。

2009年10月14日

☆道·琼斯工业指数自10月3日以来首次回到了10000点水平。

2009年11月5日

☆房利美宣布2009年第三季度亏损189亿美元。

2009年11月9日

☆美联储宣布，在今年早些时候决定需要融资或提高资本质量的10家银行控股公司中，已有9家拥有足够的资金来实现必要的资本缓冲。

2009年11月17日

☆考虑到金融市场条件持续改善，美联储批准将存款机构贴现窗口主要信贷贷款的最长期限从90天减至28天，此规定于2010年1月14日生效。

2009年12月2日

☆美国银行宣布，在完成证券发售后，将向财政部回购不良资产救助计划下的450亿美元累积优先股。

2009年12月9日

☆美国财政部长蒂莫西·盖特纳（Timothy Geithner）公布不良资产救助计划的退出战略。

2009年12月14日

花旗集团宣布已与美国政府就偿还财政部所持有的200亿美元不良资产救助计划下的信托优先证券达成协议。

2009年12月14日

☆富国银行宣布，在成功发售104亿美元普通股后，将向财政部赎回不良资产救助计划下的250亿美元优先股。

2010年

2010年2月1日

☆商业票据融资工具、资产支持商业票据货币市场共有基金流动性工具、一级交易商信用工具、定期证券借款工具等计划到期。

2010年2月18日

☆美联储宣布，自2010年2月19日起贴现率由0.5%上调至0.75%。

2010年2月23日

☆联邦存款保险公司宣布，截至2009年第四季度末，问题银行数量增加到702家，涉及资产4028亿美元。

2010年2月24日

☆房地美宣布2009年第四季度净亏损65亿美元，2009年全年净亏损216亿美元，而2008年净亏损为501亿美元。

2010年2月26日

☆房利美宣布2009年第四季度亏损152亿美元，2009年全年亏损720亿美元。

2010年4月27日

☆希腊国债的评级被降为垃圾级。

2010年5月5日

☆房地美宣布2010年第一季度净亏损67亿美元，而2009年第四季度净亏损为65亿美元。

2010年5月10日

☆房利美宣布2010年第一季度净亏损115亿美元，而2009年第四季度净亏损为152亿美元。

2010年6月11日

☆美国财政部宣布，向纳税人偿还的不良资产救助计划资金首次超过未清偿救援资金。

2010年7月21日

☆美国总统奥巴马签署《多德–弗兰克华尔街改革和消费

者保护法》的公法111-203 （*Dodd-Frank Wall Street Reformand Consumer Protection Act Public Law 111-203*），力图通过各种机制来促进美国金融的稳定。

2010年10月5日

☆美国财政部发布了一份关于不良资产救助计划的2年回顾性报告，全面概述了财政部为遏制2008年年末和2009年年初美国日益加剧的金融恐慌而根据该计划采取的措施。

2011年

2011年1月27日

☆金融危机调查委员会发布了关于美国金融和经济危机原因的最终报告。

2011年2月11日

☆美国财政部及住房和城市发展部向国会提交了关于美国住房金融市场改革的报告。

资料来源：

"金融危机：完整时间表-圣路易斯联邦储备银行"（*Financial Crisis: Full timeline, Federal Reserve Bank of St Louis*），https：//www.stlouisfed.org/financial-crisis/full-timeline。

"大衰退期间被收购或宣布破产的银行名单"（*List of banks acquired or bankrupted during the Great Recession*），维基百科。

"金融危机：时间表"（*Financial Crisis: Timeline*），《卫报》（http：//www.theguardian.com/business/2012/aug/07/credit-crunch-boom-bust-timeline）。

"时间表：信贷紧缩至低迷"（*Timeline: Credit crunch to downturn*），BBC新闻（http：//news.bbc.co.uk/2/hi/business/7521250.stm）。

21.人民币快车

　　自 2008 年全球金融危机以来，人民币国际化一直是全球的一个热门话题。中国推动人民币成为全球货币的高速列车正以惊人的势头快速向前迈进。

　　2008 年的危机重创了美国经济，并蔓延到欧洲，催生了欧元区主权债务危机。亚洲地区却相对没有遭到大的损失而渡过了风暴，并迅速从危机中恢复过来。市场上从此有个说法：全球的经济重心从西方向东方转移。很明显可以看到，亚洲，尤其是站在其前沿的中国，将在世界经济更广阔的领域内承担越来越重要的作用，21 世纪将成为崭新的亚洲世纪的开端。

　　真正开始对人民币国际化问题展开讨论，可以追溯到 2009 年 3 月 23 日。当时，中国人民银行行长周小川在其讲话中呼吁要对国际储备体系实施改革。❶周小川认为过度依赖以美元持有

---

❶ "国际货币体系改革"（*Reform of the International Monetary System*），2009 年 3 月 23 日，中国人民银行。http：//www.pbc.gov.cn/english/130724/2842945/index.html.

主权货币储备导致了当前国际货币体系的弱点，这需要大家重视。他敦促扩大国际货币基金组织特别提款权（Special Drawing Rights，SDR）的使用，并提出人民币应当在特别提款权估值中发挥更大的作用。

2008年全球金融危机始于美国，并从美国蔓延至全球。美元的可信度及其过分的特权遭到了一些评论人士及学者的质疑。随着其非常规货币政策和量化宽松第一阶段、第二阶段和第三阶段的实施，有不少声音开始怀疑美国是否有能力偿还超过其国内生产总值2倍的国债。有些国家质疑美元在降低举债成本上占有的极不公平的优势，这主要体现在融资成本、交易成本及债务转嫁等方面。

全球金融危机暴露了当前体系的弱点和脆弱性，但这场危机对于中国的影响远低于其他主要经济体。中国的政策制定者已清楚地意识到，需要更加强有力地控制主要金融变量和资本流动对保持国家经济持续增长的重要性。

许多发展中国家认为，美国央行的量化宽松计划会使全球金融市场变得更加不稳定，加剧各国的货币升值压力。在量化宽松计划实施后不久，周行长便发表了上述讲话。

在此之前，中国已经采取了一些有限性放松资本管制的举措。2002年11月，中国引入了合格金融机构投资者（Qualified Financial Institutional Investors，QFII）计划，这是中国首次有选择性地允许全球机构投资者在上交所和深交所投资以人民币计价的 A 股。向海外投资者开放资本市场，是中国金融改革中最重要的里程碑之一。

被誉为 QFII 计划之父的梁定邦（1995—1998 年担任香港证券及期货事务监察委员会主席）说："1998 年年底，我受时任国务院总理朱镕基邀请，出任中国证券监督管理委员会（China Securities Regulatory Commission，CSRC）的首席顾问。当时，我的第一项重要工作是在市场上建立强大的机构投资群体。"❶

梁先生评论道："我发现香港特别行政区的模式不适合中国内地，因为内地没有香港的市场文化。最后，我决定引入20世纪80年代的台湾地区的模式，这种模式与中国内地的文化和机制非常接近。"

符合条件的投资者必须先将外币兑换成人民币，然后才能将资金委托给经核准的托管机构。投资所赚取的利润必须遵守严格的监管规定。在汇出中国前，人民币必须先兑换成外币。合格投资者的资产管理规模需要达到至少 100 亿美元，因为中国监管机构只希望吸引有关的龙头机构参与该计划。

2003 年 6 月，瑞士联合银行集团（简称瑞银）（UBS）和野村证券（Nomura Securities）成为首批获得投资配额的机构，两者的配额分别为 3 亿美元和 5000 万美元。同一年，另有 10 家大型投资银行陆续获得批准，配额总额只有几亿美元，但是当时这

---

❶ "中国资本市场自由化"（*The liberalisation of China's capital market*），2015 年
20 周年刊物，《亚洲资产管理》（*Asia Asset Management*）。

些配额是可赚取高利润的金矿。规模较小的企业要投资中国股市，就必须高价租用配额。2003—2008年，QFII总配额从最初的21.75亿美元增加到了近130亿美元。

2004年，中国出台了面向中国保险公司的合格境内机构投资者（QDII）计划，允许中国保险公司将其外汇资金投资在海外市场上交易的中国公司股票。平安保险获得88.9亿美元配额，成为第一家获得QDII配额的机构投资者。

同年，中国香港正式开展人民币存款业务，人民币存款总额从120亿元逐渐增加到2009年的590亿元。

2006年4月，QDII计划扩展到其他中国机构，容许散户通过中国的商业银行投资固定收益产品和货币市场产品。该计划的所有参与者必须先取得相关监管机构（证监会、银监会或保监会）签发的QDII许可证，再由国家外汇管理局（SAFE）授出配额，这是进行海外投资的第一步。第一家获得QDII配额的银行是中国银行，额度为10亿美元，第一家获得批准的基金是华安基金管理公司，额度为5亿美元。QDII投资范围在2007年5月扩大到股票相关产品，唯一的限制是投资股票的总值不得超过QDII产品净值的50%。

然而，QDII计划生不逢时。2006年4月，当该计划首次推出时，共授出142亿美元海外投资配额，并快速增长到截至2007年年底的645亿美元。由于遭遇全球金融风暴，该计划在2008年上半年被叫停，直到2009年5月才重新启动，恢复配额审批。自雷曼危机后，全球金融市场崩溃，在这多年间，许多投资第一批QDII基金的人，因蒙受巨大的资产净值损失而一蹶不振，直到2014年全球股市回到原来的高位时才得以复生。

为了吸引投资者投资人民币计价产品，香港开创了"点心债券"，这是一种在中国境外发行但以人民币计价的债券。这一名称取自颇受大家青睐的粤式点心，很美味但分量少，点心债券与其相似，每笔发行规模很小，吃不饱的。2007年7月，国家开发银行发行了新一批"点心债券"。

这些促进投资流入和流出中国的举措为投资管理人和托管机构创造了新商机，其中以中国香港的投资管理人和托管机构受惠最多。QFII计划针对的是外国投资者，他们通常会聘用熟知他们需求的外国管理人和托管机构。虽说QDII计划面向的是中国境内投资者，可是他们投资的是海外市场，国内中资机构通常会聘请外国基金管理人担任顾问，聘用外国托管机构充当次级托管人。毫无疑问，那些能为相关举措做好充分准备的托管机构在竞争中享有明显的先行优势。

可是，尽管采取了这些举措，人民币的大部分跨境流动仍然是利率套汇类的交易，而不是真正地在市场驱动下将人民币作为国际货币使用。全球金融危机，成为中国更加积极主动地推动人民币国际化的好时机。为了将人民币发展成为国际的贸易结算货币、投资货币和储备货币，中国的决策者开始着手进行另一波人民币国际化的各种实验。

人民币国际化

储备货币

贸易货币　　　　投资货币

图48　人民币国际化发展的3个组成部分

自2009年与韩国签署协议开始，中国还与其他24个国家的央行签署了货币互换协议，总额超过2.7万亿元。中国许多城市在与海外的跨境贸易中实现了人民币结算。环球银行金融电信协会（SWIFT）的数据显示，截至2013年12月，人民币已超过欧元成为继美元之后的世界第二大常用贸易金融货币。

为了巩固人民币作为投资货币和储备货币的地位，中国在人民币国际化的进程中引入了几项突破性的举措，进一步开放资本市场。

2011年8月7日，时任国务院副总理李克强在香港出席论坛时宣布人民币境外合格机构投资者（RMB Qualified Financial Institutional Investors，RQFII）计划，容许内地资产管理公司的香港子公司获得许可资格和配额，设立在香港注册的基金，向投资者募集资金，用人民币离岸存款投资内地证券市场，试点额度为200亿人民币。当时许多内地资产管理公司在香港设立子公司时间不久，这个举措的用意很明显是扶它们一把，让它们可以站稳脚步，利用人民币的强势推出独有的投资产品，募集在香港规模超过6200亿元的人民币储蓄存款。外资的资金管理公司只能羡慕，但没有机会参与。

我在2010年4月加入了法国巴黎银行集团（BNP Paribas），（以下简称法巴集团），出任其子公司法巴全球托管行（BNP Paribas Securities Services）的亚太区首席执行官。法巴集团在亚太区历史久远，业务规模庞大，当时已在区内14个国家设有分行或分支机构，员工超过7000人，是一家业务线多元化的综合银行集团。

法巴的托管业务起始于1995年底百利达银行（Banque Paribas）从摩根保证信托银行（Morgan Guaranty Trust）收购的欧洲当地清算托管业（见本书引言）。百利达银行于2000年与巴黎国家银行（Banque Nationale de Paris）合并，成立法国巴黎银行集团，法巴全球托管行是集团的全资拥有子银行。

法巴的托管业务发展迅速，虽然没有进行过大型并购，经过12年多的拓展，到2007年年底的托管资产规模已超越了汇丰银行（HSBC），成为欧州第一大的托管银行，全球排名第五位。但在亚太区，除了在澳大利亚及新西兰，它在亚洲是一个全新开设的业务线，在2008年12月设立了新加坡分行，2009年年中在中国香港拿到分行牌照。相较其他的全球托管银行，在区内起步迟了至少15—25年。我的任务就是把亚洲的业务创建起来，并整合澳大利亚及新西兰，打造一个亚太区的新平台。

中国当然是法巴要重点开发的战略市场。RQFII既然是一个全新且很具潜力的产品，我们和其他的托管银行当然都跃跃欲试。RQFII在8月才宣布，目标要在年底前推出，时间非常紧迫。但作为一个试点，基金的营运办法，尤其是怎样把中国香港的境外人民币兑变成中国内地的境内人民币使用的流程，直到12月16日才发布，在准备过程中没有明确的解说。这造成了中国银行作为香港的人民币清算行有绝对的优势，因为基金管理公司认为用中银香港作为其基金的托管行，如果到时人民币的头寸掌握出错，因为中银香港既是清算行也是托管行，自然会比用第三方作为托管行较直接和容易解决问题。结果第一批9家获得资格的基金管理公司，全部都用了中银香港作为其产品的托管人。

2012年1月11日，首批2支RQFII产品，由海通证券和汇添富香港子公司管理的基金，在香港市场公开募资并获得大卖。外资的托管行与外资的基金管理公司，同样都没有机会参与。

直到第二批、第三批产品推出时，因基金营运办法已清晰，外资托管行才获得参与机会。设于香港的外资基金管理公司，于2013年3月开始也被允许发行RQFII基金。

RQFII计划到2014年10月走出中国香港，英国成为第一个获得配额的国家，新加坡紧随其后。在此之后，韩国、卢森堡、法国、德国、瑞士、沙特阿拉伯、澳洲、加拿大、美国等国家也纷纷被批准加入了该计划。但从RQFII基金（包括RQFII-ETF）的配额和数量上来看，中国香港仍是迄今为止最大的离岸人民币市场。

2014年年初，另一项突破性的计划——"沪港通"计划出台。国际投资者将可以通过香港联交所买卖在上海证交所上市发行的股票，不需要申请个别配额。同样，合格的内地投资者也可以通过上海证交所买卖某些在香港联交所上市发行的股票。

对于法巴，这是一个绝好的商机。我们在香港的本地清算和托管业务，经过了几年的努力经营，已经积聚了一批区内和区外的客户群，建立了良好的口碑。另外，法巴集团在香港的证券公司，也非常重视A股市场对国外投资者客户的吸引力，预备积极参与。经过对"沪港通"计划流程的详细研究，我们决定两个业务线合作推出一站式整合从交易到清算和交收的综合方案，将整个流程无缝对接，解决了客户对在交收日前一天先要把股票发送到交易商，但现金要在交收日才获得支付的A股市场的问题。若客户用法巴证券执行交易并用法巴托管行清算交收该笔交易，交易会于交收当日在托管系统内银货同步交付，控制了有关的对手风险和信息风险。

经过数月的筹备和几次全行业测试后，该计划于2014年11月17日正式启动。北上交易总额度在交易第一天的中午便已全部耗尽。但由于A股市场的市场情绪波动，交易量之后未再达到每日总限额。

图49　2014年11月17日"沪港通"出台

据上海证交所统计，在"沪港通"启动后的第一年里，沪股吸引投资人民币1210亿元（约合197.3亿美元），约占配额总量的40%。香港联交所的数据显示，港股吸引投资人民币924亿元，约占年度配额的37%。

我们的"沪港通"方案获得了不错的成绩。计算法巴在内，市场上只有3家托管银行能够提供这种令客户的风险减至最低的综合方案。我们在"沪港通"北上每日交易量中，稳占了15%左右的市场份额。

在"沪港通"开通1周年纪念当日，香港联交所首席执行官李小加说："重点不在于配额使用量或交易量，我们更应关注的是股市互联互通的重要意义：'沪港通'是未来的催化剂，并为未来市场开创出了一种新模式。"❶

股市互联互通是由上海和香港两地的证券交易所、证券监管机构、业内专家及参与者经过紧密无间的合作和磋商建立起来的一个极具创意的全新架构。香港联交所时常会与业界沟通和协调，我们并不会感到意外。但在这个过程中，上海证交所在这方面也表现得很出色，很好地履行了自己的责任。为了确保市场的效率和确定性，各方夜以继日地对交易规则和条例（包括明确托管安排和实益拥有权问题，以及交易基础设施和交易机制）进行了审查和完善。

2016年12月5日，"深港通"计划也开通了，投资者可以通过香港交易所，买卖在深圳证交所上市的内地公司股票。

另一项改变市场的重大计划是内地香港基金互认（Mutual-Recognition of Funds，MRF）计划。根据此计划，经所属地证券监管机构批准的符合相关资格要求的零售基金，可以向其他市场的监管机构申请向该等市场的投资者公开发售基金。监管机构从2012年开始讨论内地香港基金互认计划，业界普遍认为这是一项会改变行业规则的计划。因为计划一经实施，将为内地零售市场开启一扇直接买卖香港特别行政区国际投资基金的窗

❶ "'沪港通'是未来的榜样"（*Shanghai-HK Stock Connect a model for the future*），2015年11月17日，《中国日报》。

口，且投资者无须在当地发展业务。重要的是，这项计划不仅能将内地资金引入香港，还为国际投资者提供了直接买卖内地证券投资基金的渠道，使其能够借助内地投资管理公司的投资能力实施更广泛的战略，涉足更多的投资领域。

2015年7月，中国证监会与香港证监会达成相互合作备忘录，共同宣布了基金互认计划。首批7只基金被获准于12月开始发行，包括3只北上基金和4只南下基金。到10月，被获准的北上基金增加至6只，南下的有48只。

除了1月开局比较清淡，北上基金之后几个月的销售数字越来越振奋人心。据国家外汇管理局公布的数据显示，截至2016年10月底，摩根大通资产管理有限公司、恒生资产管理有限公司、行健资产管理有限公司和中银资产管理有限公司推出的6只北上基金，合计筹集资金84.8亿元人民币（约合12.2亿美元）。其中，摩根大通占了约9成的市场份额，主要来自它极受投资者欢迎的亚洲总收益债券基金。

设于香港的资产管理公司需要时间来熟悉内地香港基金互认的流程，更重要的是，要在中国寻找新的分销合作伙伴，如银行、证券公司、独立财务顾问公司（IFA）、在线平台等组织机构。其中一些渠道，如在线平台，对于他们而言还很陌生。同样地，中国的分销商们需要学习如何宣传推广这些北上基金。

相反，香港投资者对于南下基金兴趣泛泛，在10个月内只筹集到资金9580万元人民币（约合1391万美元）。2015年夏季

A股市场崩盘的阴影，加上人民币贬值的趋势，投资者反应冷淡。

尽管A股市场在2015年夏季发生了暴跌，但中国资本市场开放的步伐并没有因此停滞。2月，中国人民银行向前迈出了另一大步，正式向符合资格的外国机构（包括商业银行、基金管理公司和资产管理机构以及中长期机构投资者）开放内地银行间债券市场。这一举措为国际投资者们提供了买卖市场规模达7万亿美元的中国在岸债券的渠道，打开了目前只能通过QFII和RQFII计划或者是央行和超国家机构才能参与交易的世界第三大在岸债券市场。合格的外国投资者可以指定银行间市场结算代理人（实际上也是托管人）登记和建立交易结算账户，以便进行交易。严格的配额制度被大大简化的登记备案制度所取代。

在这之前，批准QFII或RQFII配额可能需要12—18个月的时间。银行间债券市场的登记备案制度，简化了烦琐的流程，并取消了遭到QFII/RQFII投资者们不满的资金锁定期和资金汇入汇出限制。

法巴集团在中国的子银行——法巴中国有限公司，是4家持有银行间债券市场A类牌照（结算代理人）的外商银行之一。这对我们提供了另一个很大的商机。借鉴上次"沪港通"的成功经验，我们托管与全球市场交易2个业务线合作，推出一站式的整合从交易到结算托管的综合方案。银行间债券市场的实施办法于5月公布，但投资者的反应未如预期般热烈。人民币因资金外流正承受极大贬值的压力，外国投资者并不急于入市。尽管如此，我们协助安本资产管理公司（Aberdeen Asset Management）的5只基金成功备案，成为欧盟UCITS证券投资基金首次获准通过这新的举措投资中国的银行间债券市场。

自2016年10月起，人民币开始被正式纳入国际货币基金组织的特别提款权货币篮子，世界许多国家的央行将逐渐把人民币计价债券作为其外汇储备投资的一部分。摩根大通、花旗或巴克莱等全球债券指数考虑纳入中国银行间债券只是时间问题。

同时，中国证监会和国家外汇管理局还公布了新的规则，大幅度提高QFII机制下配额的灵活性，投资配额将以管理资产规模或特殊需求为依归，但单个投资者的额度上限不得超过50亿美元。新的QFII规则基本上可达致RQFII机制下的开放式基金的流动性。

即使存在各种不确定性因素，这些措施进一步开放了中国的资本市场，并将为全球投资界创造前所未有的宝贵投资中国的机会。银行间债券市场的开放，加上上海和深圳与香港的股市互联互通，外国投资者可以不需要申请配额和取得批准进入约85%的中国证券市场。放在10年前，这几乎是难以想象的。

中国的人民币国际化议程为资产管理公司和托管机构带来了许多新的机遇，但与此同时，业界能否跟上迅速发展的步伐，与之齐头并进，备受考验。

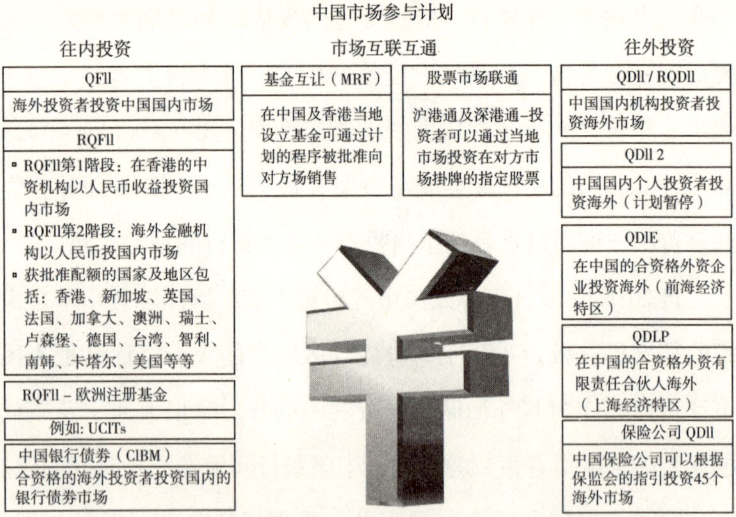

中国市场参与计划

往内投资	市场互联互通		往外投资

QFII	基金互让（MRF）	股票市场联通	QDII / RQDII
海外投资者投资中国国内市场	在中国及香港当地设立基金可通过计划的程序被批准向对方市场销售	沪港通及深港通–投资者可以通过当地市场投资在对方市场挂牌的指定股票	中国国内机构投资者投资海外市场

RQFII
- RQFII第1阶段：在香港的中资机构以人民币收益投资国内市场
- RQFII第2阶段：海外金融机构以人民币投国内市场
- 获批准配额的国家及地区包括：香港、新加坡、英国、法国、加拿大、澳洲、瑞士、卢森堡、德国、台湾、智利、南韩、卡塔尔、美国等等

RQFII – 欧洲注册基金

例如：UCITs

中国银行债券（CIBM）
合资格的海外投资者投资国内的银行债券市场

QDII 2
中国国内个人投资者投资海外（计划暂停）

QDIE
在中国的合资格外资企业投资海外（前海经济特区）

QDLP
在中国的合资格外资有限责任合伙人海外（上海经济特区）

保险公司 QDII
中国保险公司可以根据保监会的指引投资45个海外市场

图50 资金进出中国的投资计划

　　自全球金融危机以来，人民币国际化进程取得了令人瞩目的重大发展。在过去10年或更早的时候，具备国际知识和经验的外国参与者，在相关计划启动之初起着至关重要的作用。但如今形势已经转变了，中国金融机构已经站在这些最新举措的最前沿。这反映出中国金融机构正日趋成熟，并在中国人民币国际化战略中被赋予了开路先锋的重要角色。

　　不少的中国金融机构在国内已经非常成功，但它们并不满足于此，也希望能够把握在人民币国际化进程中出现的海外商机。中国香港是中国的基金管理公司和券商跟随保险公司和银行的脚步实施"走出去"战略的平台。如嘉实基金、广发基金、易方达基金等在香港成立的基金管理公司，正在向纽约和伦敦市场进军，致力于将其产品推广到全世界；中国银行、中国工商银行及中国建设银行等，也在积极建立海外托管网络。

要在海外市场打响品牌、建立声誉，中国的管理公司或托管银行还有一段长路要走。但是，随着国内基金管理市场的强劲增长，以及中国经济实力的快速提升，中国的管理公司或托管银行跃居世界顶级的队列，能否指日可待？

附录：人民币国际化里程碑

2002年 ● 11月出台《合格境外机构投资者境内证券投资管理暂行办法》（QFII条例），允许合格的境外机构投资者投资内地股票市场（A股）。

2003年 ● 11月出台《合格境外机构投资者境内证券投资管理暂行办法》（QFII条例），允许合格的境外机构投资者投资内地A股股票市场。

2004年 ● 香港特别行政区开始允许人民币存款，成为第一个离岸人民币中心。

2006年 ● 4月公布合格境内机构投资者（QDII）计划，允许境内机构和居民个人委托中国的商业银行在海外投资金融产品。

2007年 ● 建立离岸人民币债券市场，即"点心债"市场。自2008年以来，离岸人民币债券市场规模几乎每年都以倍数的速度增长。

2008年 ● 12月开始实施跨境贸易人民币结算试点项目。与韩国签署第一份双边货币互换协议。

2009年 ● 在5个境内贸易城市（东莞、广州、上海、深圳、珠海）、东盟国家及港澳地区进行人民币结算试点，首次将人民币用于跨境贸易结算。

2010年 ● 中国人民银行于8月发布政策，允许中央银行、人民币业务清算行及离岸参与行运用过剩人民币投资境内银行间债券市场的债务证券。

● 中俄两国于11月决定在双边贸易中放弃美元，改用本国货币进行贸易结算。日本随后跟进，在2011年12月与中国就本国货币结算业务达成共识。

2011年 ● 中国于10月发布对外直接投资（ODI）和外商直接投资（FDI）规则，使人民币资本能够更自由地流动。

● 中国人民银行于12月31日发布《关于实施〈基金管理公司、证券公司人民币合格境外机构投资者境内证券投资试点办法〉有关事项的通知》。

2013年 ● 据环球银行金融电信协会（SWIFT）称，人民币已于12月超过欧元成为继美元之后的世界第二大常用贸易金融货币。

2014年 ● 中国证券监督管理委员会（CSRC）和香港证券及期货事务监察委员会（SFC）于4月联合发布关于"沪港通"机制试点计划的公告，允许合格的内地投资者和香港特别行政区的投资者进行双向跨市场股票投资。

● 上海自贸区揭牌。国家外汇管理局于7月发布第36号公告，为16个其他工业园区和经济区内的外商投资企业提供优惠。

- "沪港通"于11月正式开通，首日交易额在香港时间13：57就触及单日交易上限，此时距离股市开盘还不到5小时。

2015年
- 中国证监会和香港证监会于5月宣布内地和香港特别行政区的基金互认计划，允许经获批准的内地和香港特别行政区的共同基金在对方市场内进行发售。
- 中国人民银行于7月向外国的央行、主权财富基金和超国家金融机构开放价值5.7万亿美元的银行间债券市场。
- 中国人民币跨境支付系统（China Interbank Payment System，CIPS）于10月上线运行，成为SWIFT之外的另一个选择。
- 国际货币基金组织于11月确认自2016年10月起将人民币纳入特别提款权（Special Drawing Rights，SDR）货币篮子。

2016年
- 中国人民银行于2月放开进入中国银行间债券市场（CIBM）的限制，允许外商投资这世界第三大债券市场（7万亿美元）。5月出台《境外机构投资者投资银行间债券市场备案管理实施细则》。
- 外汇局于2月出台新规，明确QFII的基础额度计算公式。QFII在取得证监会资格许可后，可通过备案获得基础额度的投资额度，并对QFII投资本金不再设置汇入期限要求，以及将资金锁定期减短。
- "深港通"计划于12月5日开通。

［资料来源：

"人民币国际化：主要里程碑"（*Internationalisation of the Renminbi：Major Milestones*），维基百科。

"人民币国际化：迄今为止的故事"（*RMB Internationalisation：The Story So Far*），汇丰银行。］

22.A股市场的震荡

2015年，中国股市出现了戏剧性的大牛市和大熊市，触动了全球的神经。

由2014年6月至2015年6月间，上海证交所股价涨幅超过了150%，深圳证交所和深圳创业板股价的涨幅更是创下了7年新高。央行放松货币政策后，借贷成本降低了。同时，由于政府对银行的过度借贷施加压力，资金开始逃离楼市，这些因素带来了股市的一片繁荣。

2015年年初，一些分析师已经警告说，中国股市急剧上扬依靠的只是动量，不是基本面因素，股价被普遍高估了。然而，更多的人辩驳说，这只是牛市的开端。4月21日，《人民日报》发表网评称："什么是泡沫？像郁金香、比特币之类的东西才是泡沫。"❶全文对中国股市泡沫的担忧百般嘲弄，并向

❶ "中国股市背后的真正风险"（*The Real Risk Behind China's Stock-Market Drama*），2015年7月15日，《纽约客》（*NewYorker*）。

读者保证，在宏观的发展战略和经济改革的全力支持下，投资者将可以持续获利。这篇评论很快便在网络上流传开，并且加上公牛的卡通形象，牛身配带有巨型的向上箭头，寓意为"牛气冲天"。

数百万的散户拿着巨额资金疯狂地涌入市场。2014年全年的新开投资账户数达900万个，而在2015年3月至6月的3个月内，新开证券投资账户数飙升至3800万个。同时，许多资金来自于2010年3月开通的融资融券交易，带有杠杆效应。在中国股市的高峰期，即2015年6月中旬，中国券商向投资者提供的融资融券贷款总额高达2.26万亿元。❶

与此同时，监管机构监管不到的影子银行所提供的融资融券贷款额规模更加庞大。散户从小额贷款机构、网上贷款机构、信托公司及其他资金来源以高利率借入相当于初始贷款额3—10倍的资金，然后将这笔资金投入价格走势强劲的中小企业股票。这类资金的有效杠杆率远高于正规融资融券的借贷。

2015年6月12日，泡沫爆破，股市开始崩溃。上海证交所的A股价值在一个月内下挫1/3，接着在7月27日和8月24日两个"黑色星期一"又发生了大型余震。全球都能感受到这个连锁效应。专业货币交易公司嘉盛集团的研究部主任表示："最近几周中国股市上的抛售，欧美指数的相较波动变得好像是在公

---

❶ "中国的灰色融资融券市场可能非常庞大"（*China's Gray Market in Margin Lending Is Probably Massive*），2015年7月9日，彭博社。

园散步般的平淡无奇。"❶

有关部门于是采取各种市场行动来制止股市急剧下跌，包括打击融资融券交易。由于股价下跌，投资者们被要求追加保证金，他们不得不抛售所持的股票或其他资产来筹集所需的资金，这导致了市场进一步下跌。8月24日，市场下跌了8.48%，创下自2007年以来的最大跌幅。约有1300家中国公司（近上市公司的一半）宣布停牌，以阻止公司股票被疯狂抛售。

市场上的许多投资者都是个人散户，政府深刻地意识到，亏损扩大会造成实体经济萧条，甚至会引起社会动荡。于是，有关部门下令遏制新股发行，并指挥"国家队"大举吸纳股票，借中国证券金融股份有限公司（China Securities Finance Corporation）之手来稳定股市。证金公司是一家由国家支持的融资融券公司，中央银行直接为其提供资金。

至2015年12月底，中国股市已经从震荡中恢复过来，全年表现还胜过标准普尔指数。到2015年年底，上证综合指数虽远低于6月12日的高点，但全年仍有12.6%的涨幅。

有关部门在2015年夏季采取的许多支持市场的措施是极具争议的，外国投资者视之为市场干预。中国当然不是第一个试图支撑股市下跌的国家。美洲、欧洲、亚洲各国的央行都在股市崩溃时采取过吸纳股票和下调利率的措施。但是，中国实施

---

❶ "中国股市为何会陷入危机？"（*Why is China's stock market in crisis?*），2015年7月8日，《卫报》。

干预的情况和方式，如实施股市熔断机制、发布大股东减持禁令、整治做空者、对许多从业者开展调查等，在大家的眼中，各种手段的实施考虑不够周详，不够全面，不免让人担心国家是否有能力兑现其"过渡到可持续增长的市场驱动型经济"的承诺。

尽管争议有之，担忧有之，在中国股市过山车般上涨和下跌的过程中，有一个深入参与市场的中坚投资者群体，吸引了全球的注目——那就是"中国大妈"。

"大妈"一词在中文里的字面意思是"上了年纪的妈妈们"。"中国大妈"是《华尔街日报》笔下的一个投资者类别，指的是擅长讨价还价的中国中年女性，她们主宰着家庭的钱包，目光锐利地紧盯着黄金、比特币、房地产、股市等投资领域，还喜欢扎堆儿跟风，常常做出出位的群体行为。在过去的几年里，她们曾多次登上头条新闻。

2013年4月中旬，当黄金价格大幅下跌时，中国大妈们争先恐后地开始抢购"便宜货"。据估算，她们在10天内用了1000亿元人民币（约合164亿美元）扫金300吨，相当于全球年产量的10%。她们扫洗了全国各地，包括香港特别行政区在内的珠宝店，买走了所有含黄金的商品。中国大妈们出手快，且资金实力雄厚，导致于此前一直在做空黄金的投资银行——譬如高盛，也不得不立刻改转为持仓，于是黄金价格很快便稳定了下来。《华尔街日报》直接使用汉语拼音"Dama"（大妈）

来报道这一则令人震惊的新闻。然而,黄金价格自此之后一路下滑,金价要回到每盎司1360美元时,大妈投资者们才能收回成本,解套尚需时日。

2013年,中国大妈们因追捧比特币而再次声名鹊起。截至7月,每枚比特币的价格较3年前飙升了89倍,超过了1000美元。中国比特币交易网站的数据显示,在单日比特币交易额超过1000万人民币的VIP客户中,有40%是中国大妈。比特币的网络价值并没有现实的基础,为了制止这种疯狂炒作,世界各国的央行纷纷开始出手干预,比特币的价格于是大幅回落。

据一些中国媒体估计,大妈群体的人数有1亿以上,不论做什么事情,她们都是成群结队的。她们一起玩乐、一起跳舞、一起旅行,甚至一起投资房地产和股票。互联网金融公司挖财网(wacai.com)于2015年发布的大数据显示,年满55岁女性的人均投资额较整体人均投资额高了43%,几乎是"80后"人均投资额的3倍❶。

大妈们深受传统文化的影响,她们在年轻时只顾埋头工作,没有享受到美好的生活,尽自己的最大努力存钱是她们唯一的奋斗目标。到现在,孩子们长大了,空闲时间变多了,大妈们也领取了自己的养老金,于是她们有闲有钱,可以为自己而活。

---

❶ "中国大妈钟爱互联网金融产品"(*Chinese Dama favors internet financial products*),2015年12月1日,《人民日报》网络版。

图50　大妈们在跳集体广场舞

　　无论在证券公司、银行，还是在地产中介公司里，经常可以看到大妈的身影。她们做出投资决定的方式和速度，就像在购物中心买衣服、在菜市场买菜一样爽快。

　　大妈们花起钱来其实很深思熟虑，特别注意长远效益。纵然分析师发出风险警告，也无法动摇她们对黄金的热爱。她们才不在乎黄金入手后金价是涨是跌，因为她们会将这些黄金传给女儿或儿媳妇。姚女士，一位在金价相对较高时买入金饰的大妈如是说："无论是升值还是贬值，黄金永远是黄金。"❶

　　她们在投资海外房地产市场时，也表现得极为有远见。她们在微信上看到一个消息，称花100万元人民币（约合16.4万美元）在国外买到的房子比北京的好多了。除了房地产升值的因素，她们还会考虑让子辈或孙辈在国外念书或工作时能有房子可居住。

----

❶ "大妈：中国的秘密武器"（*Dama：China's secret weapon*），2013年12月10日，http://www.sino-us.com/。

在过去几年里，中国大妈们在媒体上被关注、揶揄、嘲笑和当成写作的题材。她们的影响已经不局限于黄金、比特币、房地产和股市。她们已经成为一种文化现象，还被打上了热爱跳广场舞的标签。中国大妈的出现，是当前中国大陆的金融素养和专业私人财富管理极其欠缺的结果。

大妈们在经年累月中，积攒下大量闲置的资金。曾经在上海黄浦区招商银行分行任财富管理经理的李先生表示："在中国大多数的家庭中，通常是由女性执掌财政大权的。……她们大胆冲动的群体购买行为，令人咋舌。但是她们在投资时往往抱着典型的散户从众心理，一窝蜂地想要抄底。"❶

李先生认为，今后这种热爱投资但对金融一无所知的年长女性人数将会逐步减少。她们也会从市场上汲取经验教训，逐渐掌握更多的财务管理知识和技巧。

但是，中国的市场何时才会发展成熟，变得更加规范呢？在下一个泡沫出现时，说不定继"大妈"之后，还会涌现出一大批"大姐"，把故事重演。

---

❶ "为什么中国女性会受到财富管理机构和地产经纪公司的追捧"（*Why China's women are being pursued by wealth manager sand property agents*），2015 年 12 月 17 日，《南华早报》。

后 记

2015年4月的某一天，我与法国巴黎银行营销和通信部的两位同事约《南华早报》的一名记者共进午餐。就是这个午餐令我萌生了为托管行业写一本书的念头。

这位记者已经在《南华早报》的财经新闻版工作了20多年。像在大众媒体工作的大多数记者一样，她对托管行业只是一知半解。我们在用餐时相谈甚欢，围绕着中国香港和亚洲地区的金融市场和投资管理行业的演变，分享和交流自身的见闻。我分享了作为托管人在这些年内所遇到的各种各样的事情，讲述了一些鲜为人知的托管行业的故事。过程中，这位记者不时打断我的叙述，向我询问一些基本行业术语的含义，诸如"保管"（safekeeping）、"票息支付"（coupon payments）、"凭证"（scrip）、"实物交割"（physical delivery）等。在座各人对这些行业背后的故事，都听得兴致勃勃。用餐结束时，这位记者建议我应当写一本书来分享这些故事。

在这之前，我的人生目标清单上并没有"撰写一本书"这一项目。之后，我认真地考虑了这个建议。从托管人的角度来分享亚洲金融行业在过去几十年里的演变，确实是一个不错的主意。我及业内其他人士所见所闻的、亲身经历的许许多多的事情，确实很值得记录下来，但之前很少有人动笔把这些事情写下来。

我从来没有写过书，也不知道会不会有出版商对我写的书感兴趣，但无论如何，我最终还是决定尝试一下。第一稿用了接近12个月的时间写完。因为每天要上班，我只能在一整天的工作结束后，挤出点时间来进行写作。出差的时候，就绝对没有时间了。写作过程相当费劲，不过相较于我在1981年完成工商管理硕士毕业论文，这次写作过程相对有效率得多了。有关的参考资料，一部分来自工作多年来所收集的书籍、杂志文章、笔记等；另一部分来自互联网。互联网真的是一个很棒的工具，通过它我可以搜寻到几乎任何所需的信息。

本书的前八章介绍了全球证券交易、结算、托管和市场基础设施的演变历史。其余的章节讲述了在过去30年里发生的重大事件，及其对亚洲地区金融业演变和转型所产生的影响。

我在这个行业虽然工作了这么多年，到了做研究和实际下笔时，我再次体会到托管行业所以发展到今天的盛况，很大程度上是在发展过程中经过多次市场繁荣与萧条轮转的成果。在过去的30年里，亚洲金融市场经历了一段波澜起伏的岁月。托管行业经过了各种金融、技术、经济、社会和监管上的危机，然后每次都能再获新生，变得更茁壮。回顾这段历史，还是觉得这个演进过程很不简单。

面对历史，看到了一己的渺小。虽然我在这个行业工作了这么多年，我的知识储备仍然有限。借助此次的事后回顾，我才能更深入理解这些复杂的事件。

从事托管业的许多专业人士，在聚光灯之外，其实一直在默默地竭尽所能克服大大小小的危机，解决复杂的问题，创新地应对各种新的投资挑战。正因为他们的努力，才令这个行业逐渐变得壮大、繁荣。他们都是托管行业历史的推动者。

认识从前走过的路，才能知道未来的发展方向。我希望这本书让大家读起来饶有趣味，并且能对那些现在正从事这个行业的读者，和未来加入这个行业的读者，都有所助益，令他们更好地了解过往，启发他们往前的新思维。

托管这个行业给我带来了很精彩且宝贵的工作经历，是我职业生涯和人生中的重要组成部分。这本书是我对这个行业微不足道的回报。

在执笔撰写这本书的时候，谢锦强（K.K.Tse）和Leow-Chong-Jin都已经从业界退休了。由2016年年初开始，劳伦斯·贝利（Laurence Bailey）和我也将逐步过渡到退休状态。这标志着亚洲地区的第一代土生土长的业内先驱者，将会退出历史舞台了。

托管行业的未来，属于成千上万正在夜以继日辛勤耕耘的专业人才。亚洲地区未来面对的千变万化的机遇和挑战，将会由他们去书写新的篇章，画出彩虹。